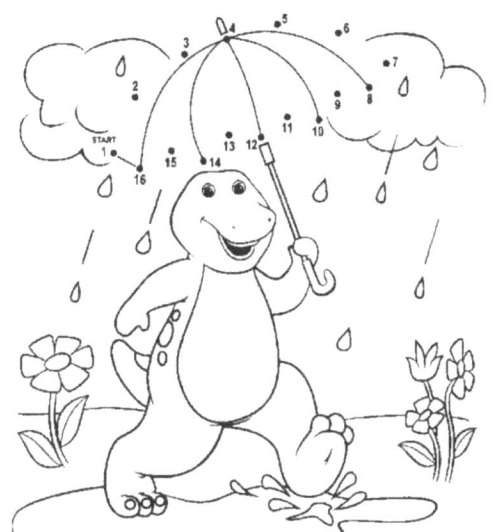

Connect Dots
And
Colour

DOT TO DOT

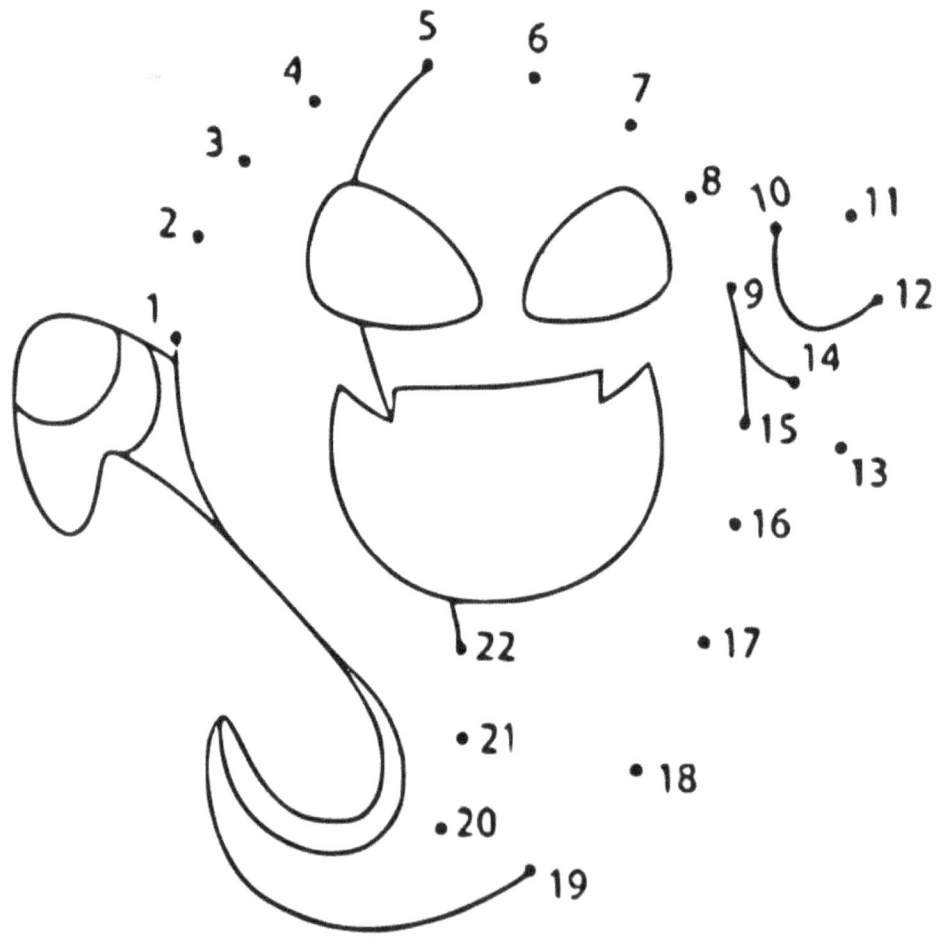

DOT TO DOT

DOT TO DOT

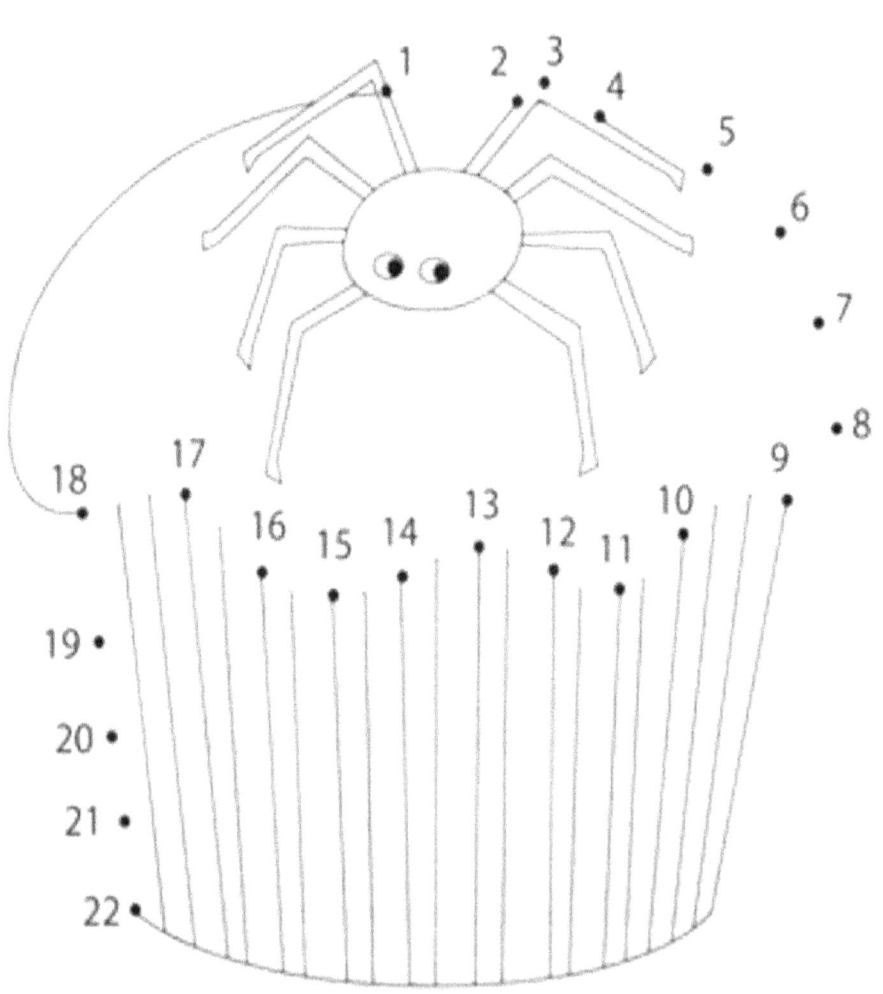

DOT TO DOT

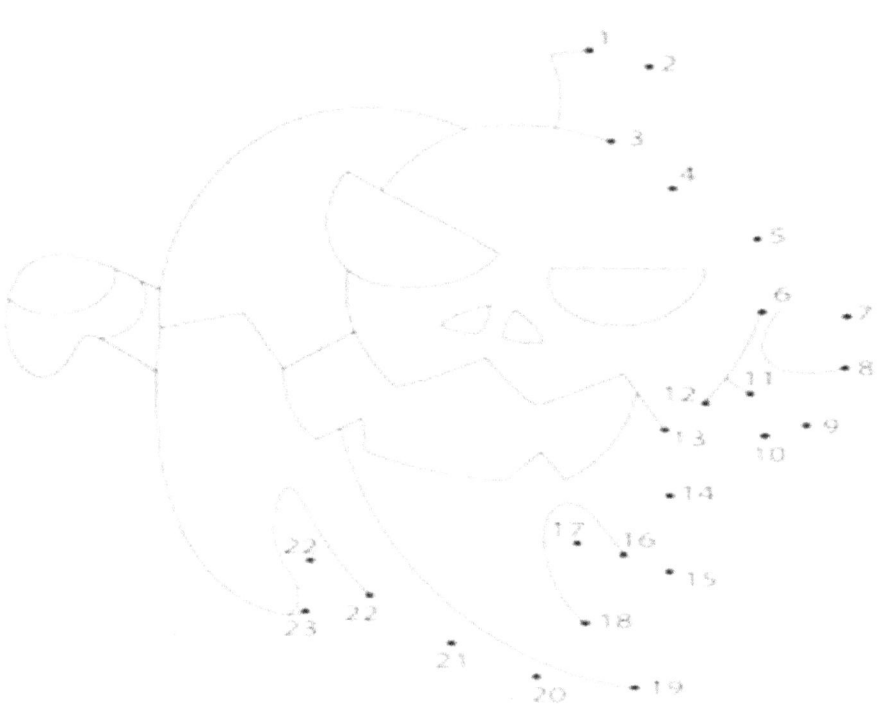

DOT TO DOT

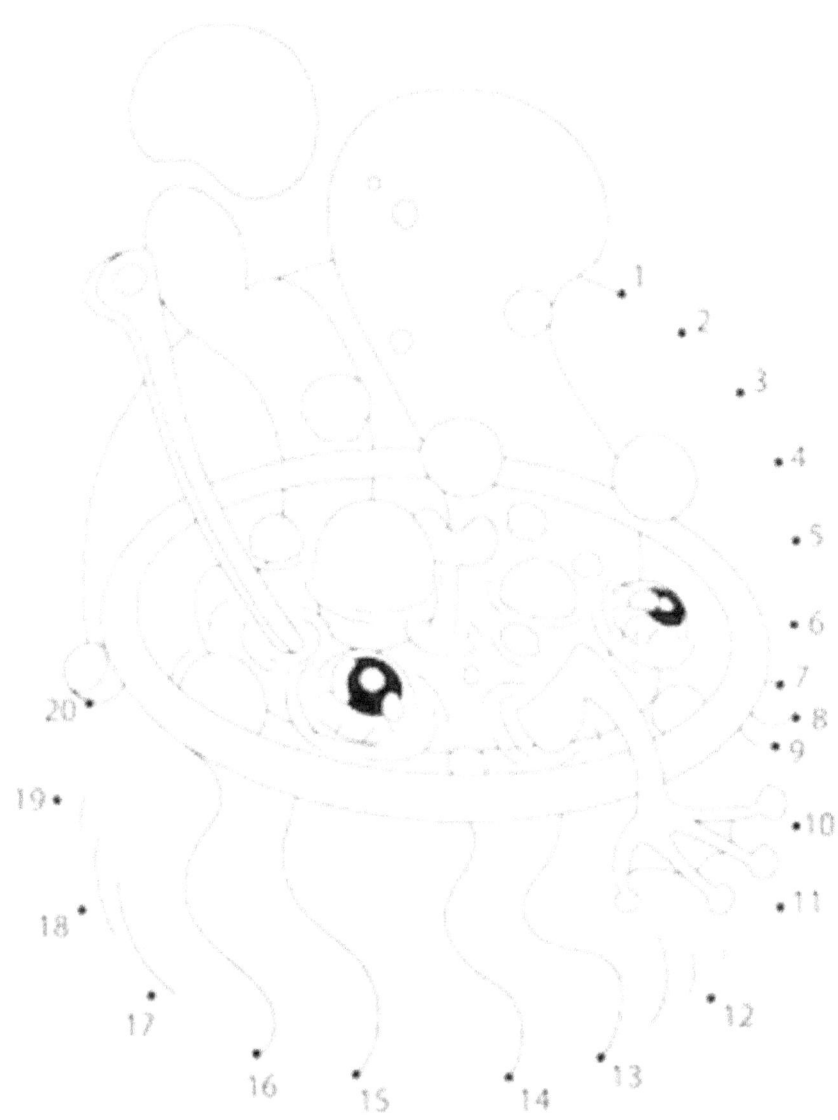

DOT TO DOT

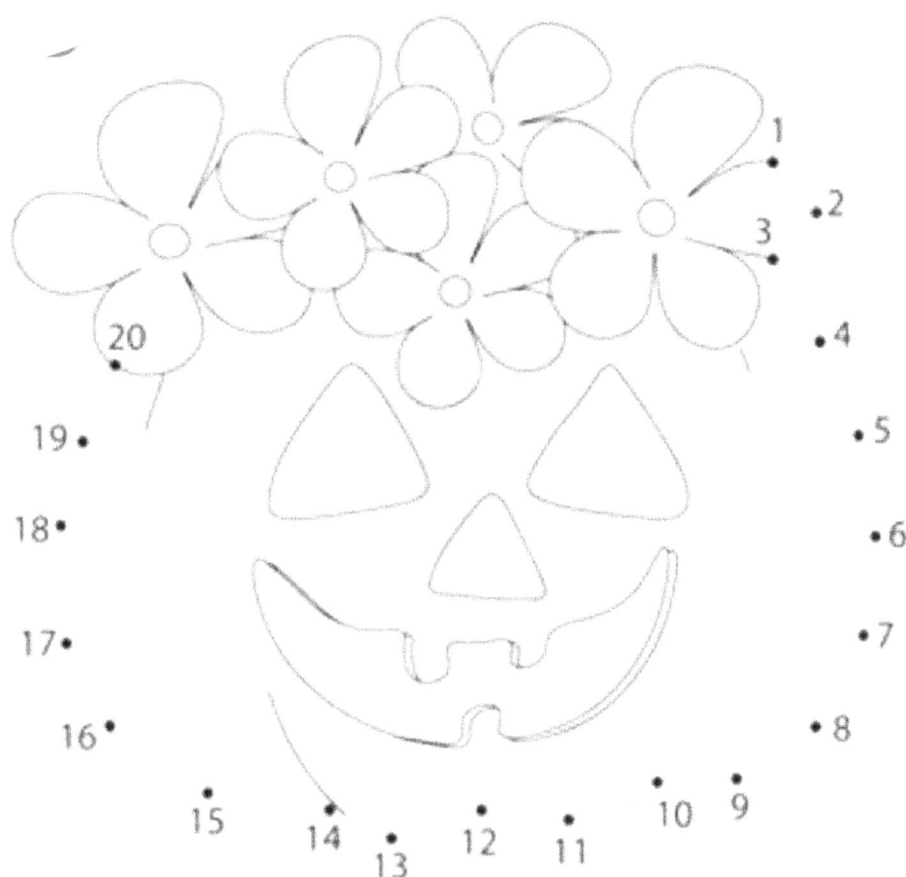

DOT TO DOT

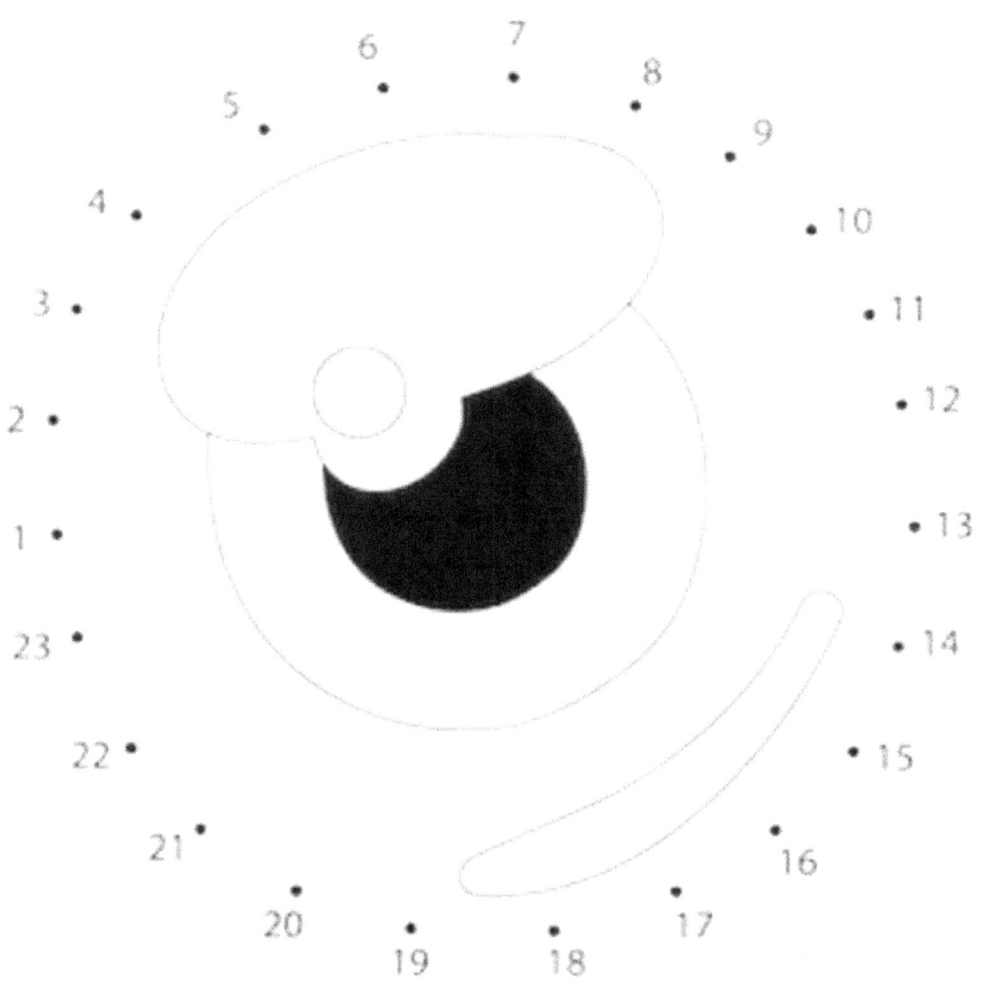

DOT TO DOT

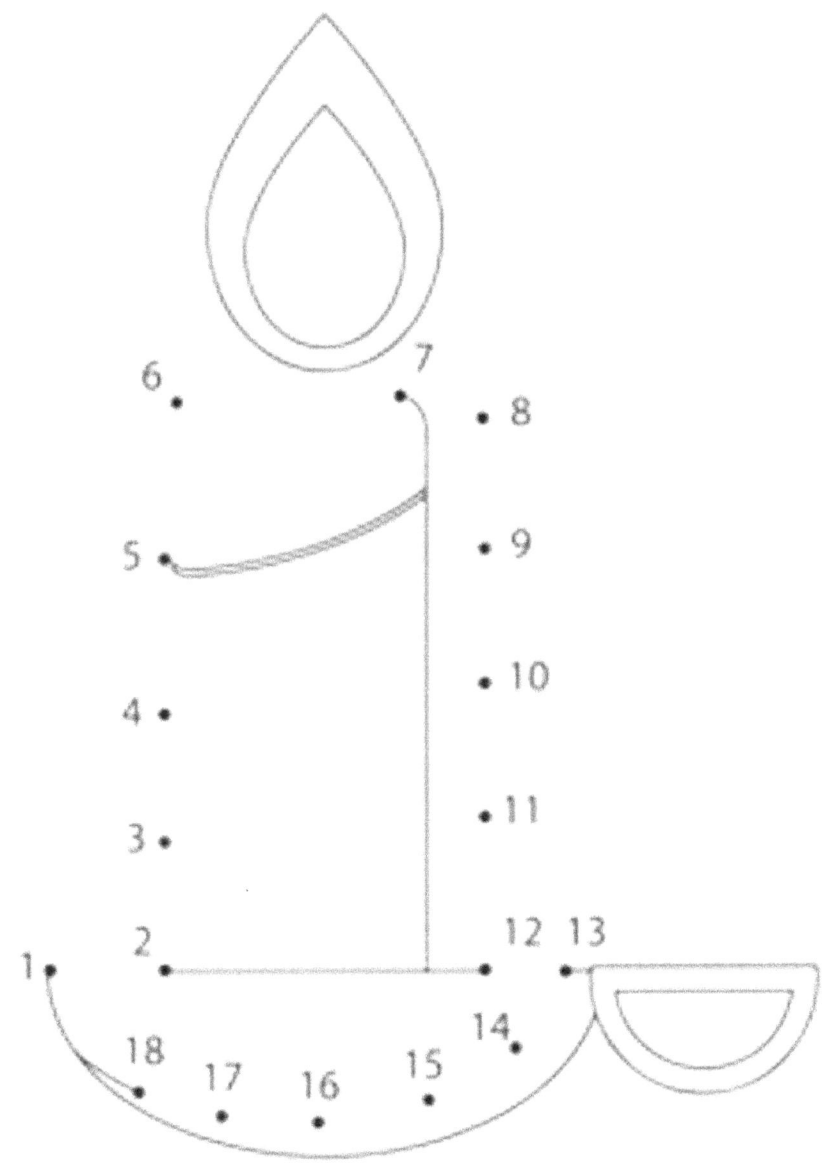

DOT TO DOT

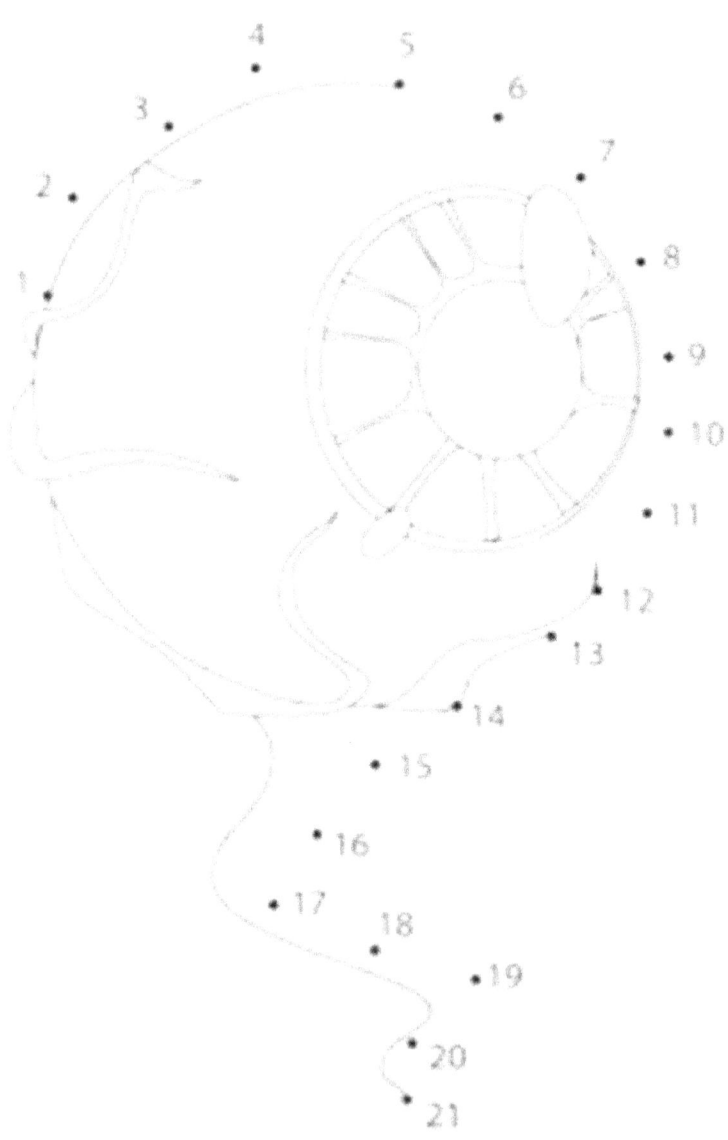

DOT TO DOT

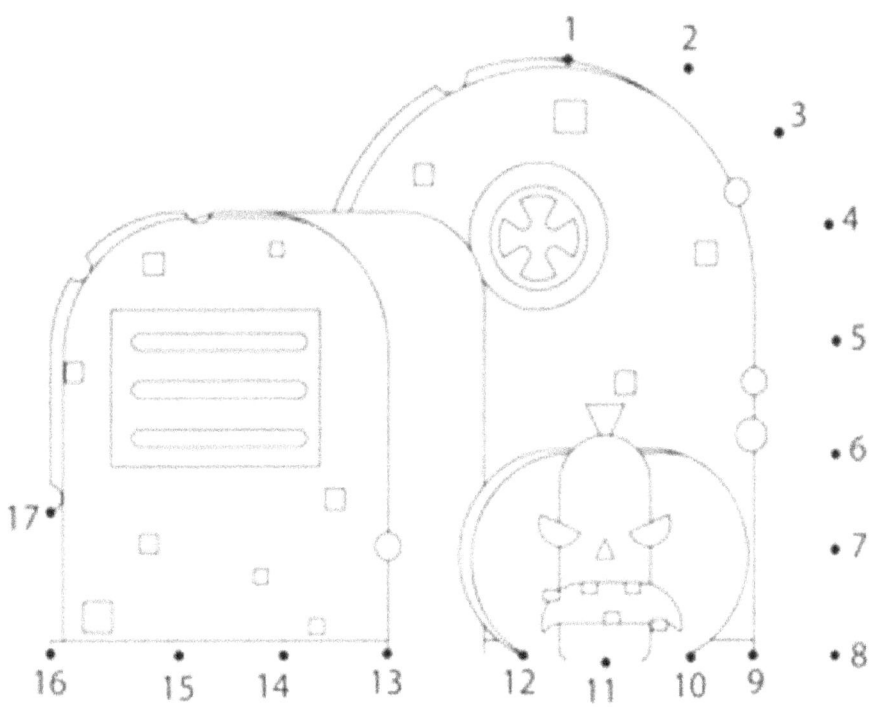

DOT TO DOT

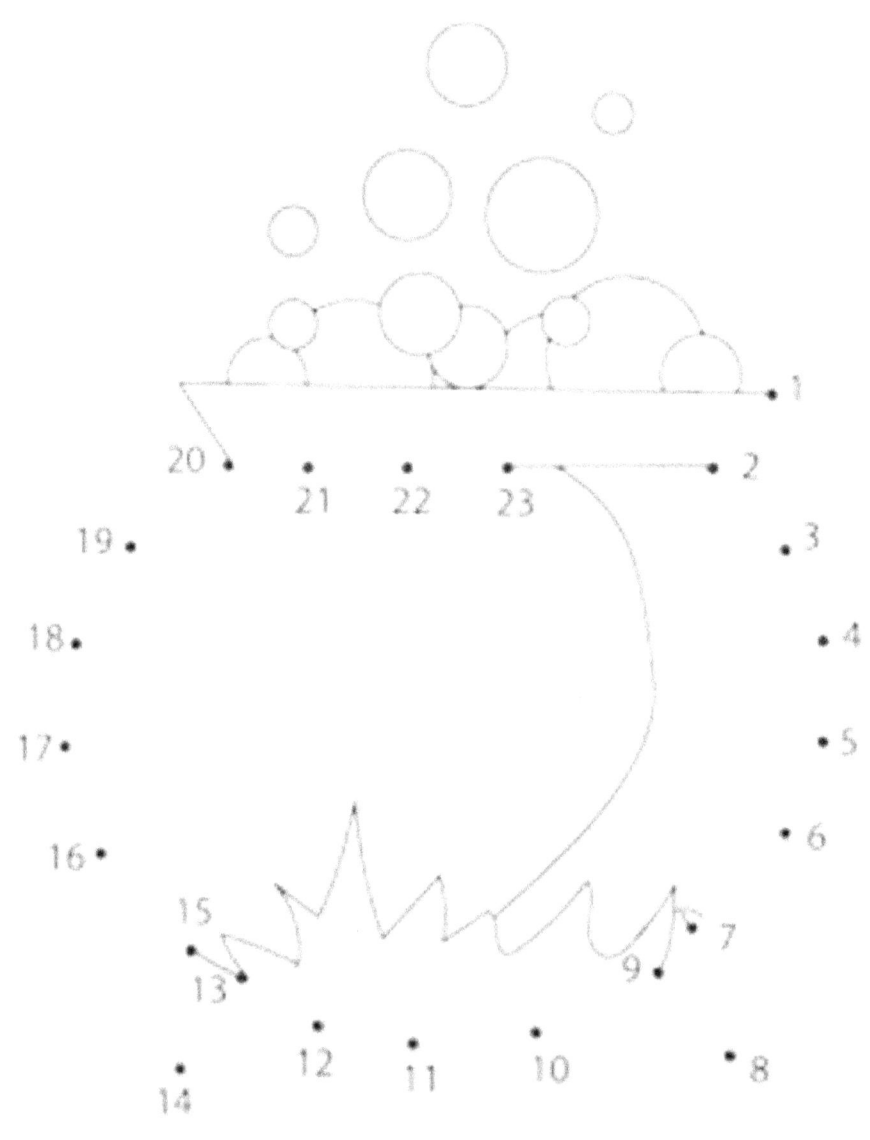

DOT TO DOT

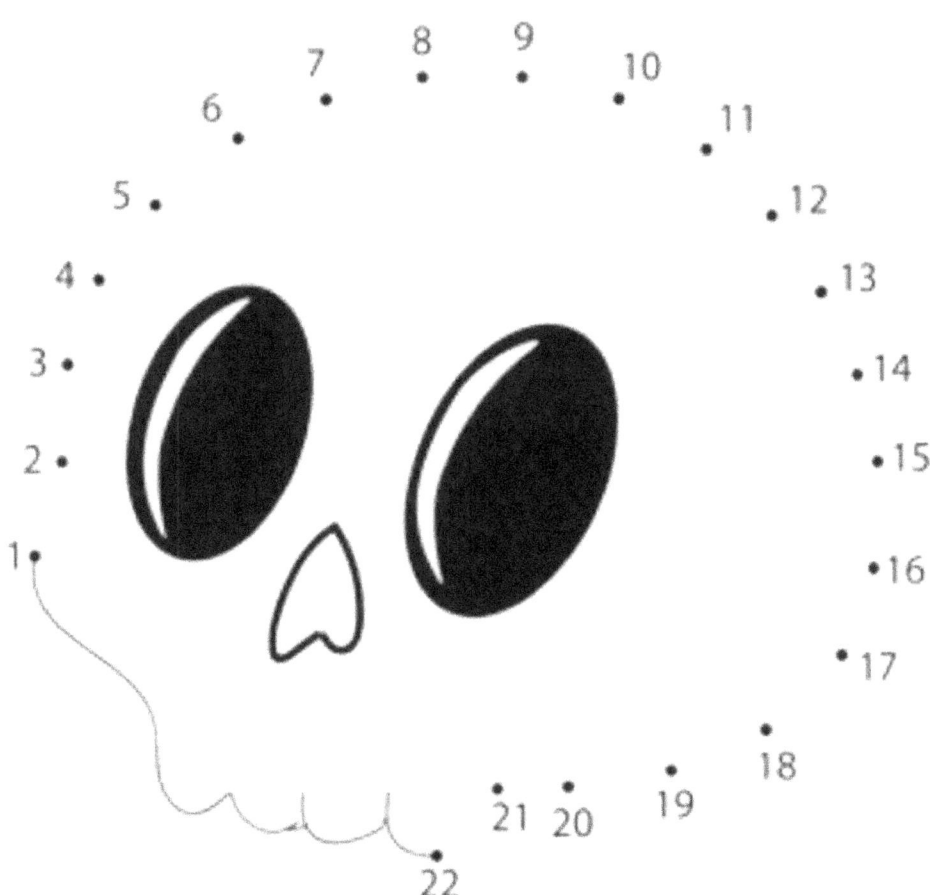

DOT TO DOT

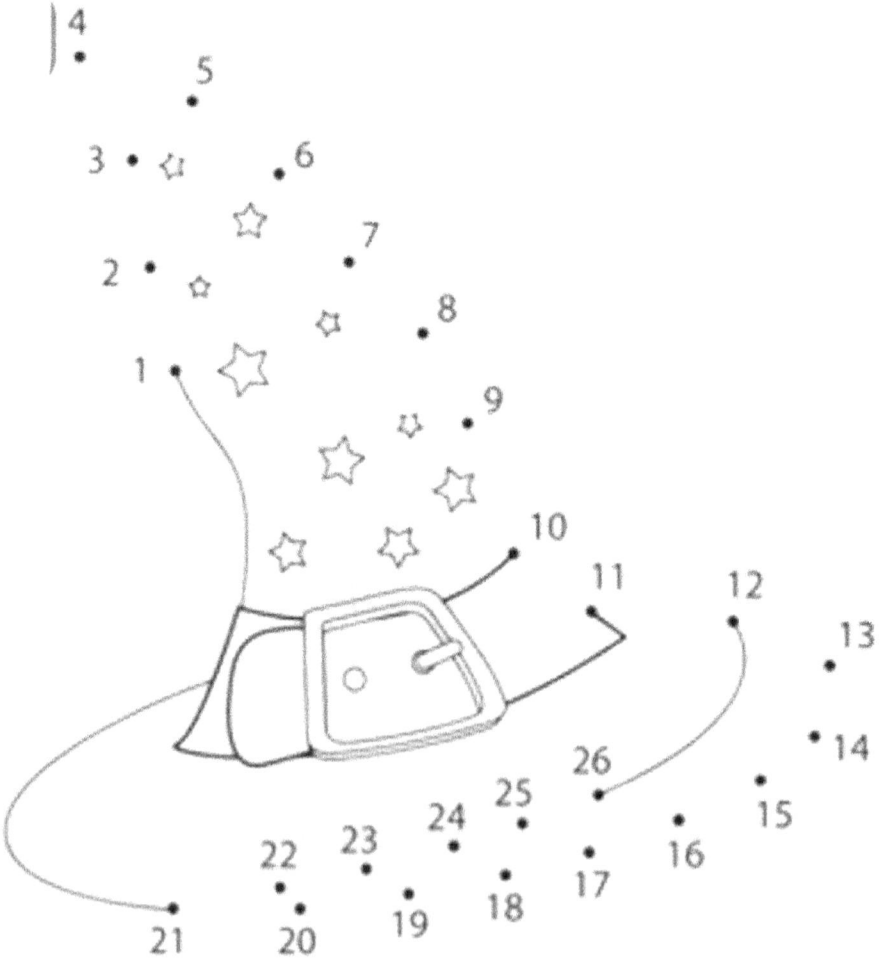

DOT TO DOT

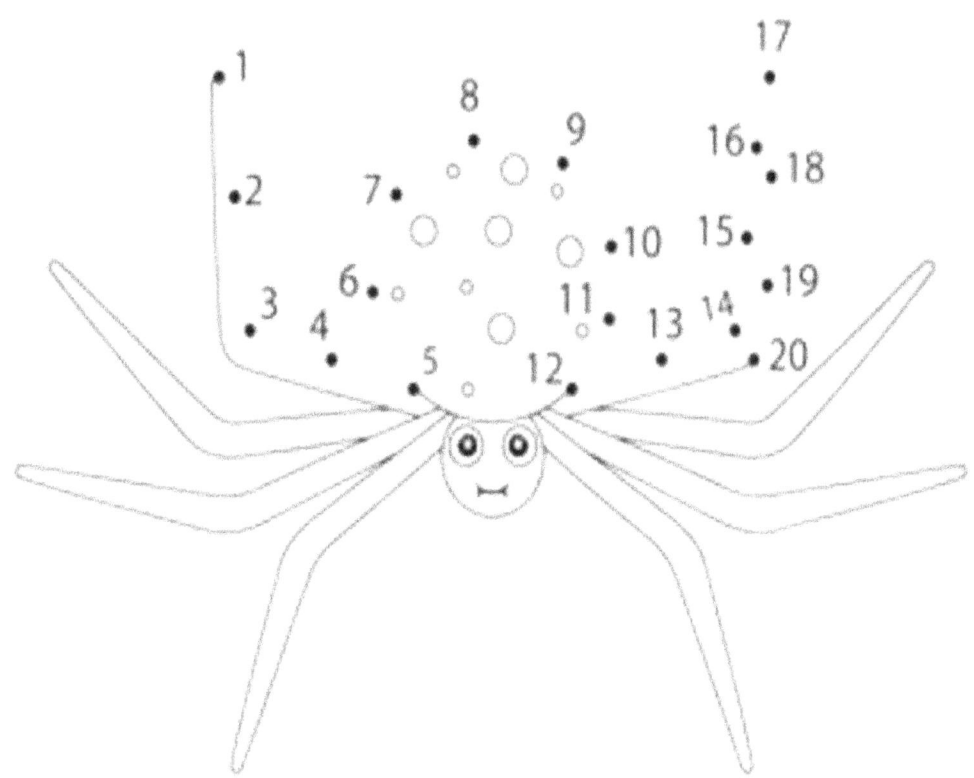

DOT TO DOT

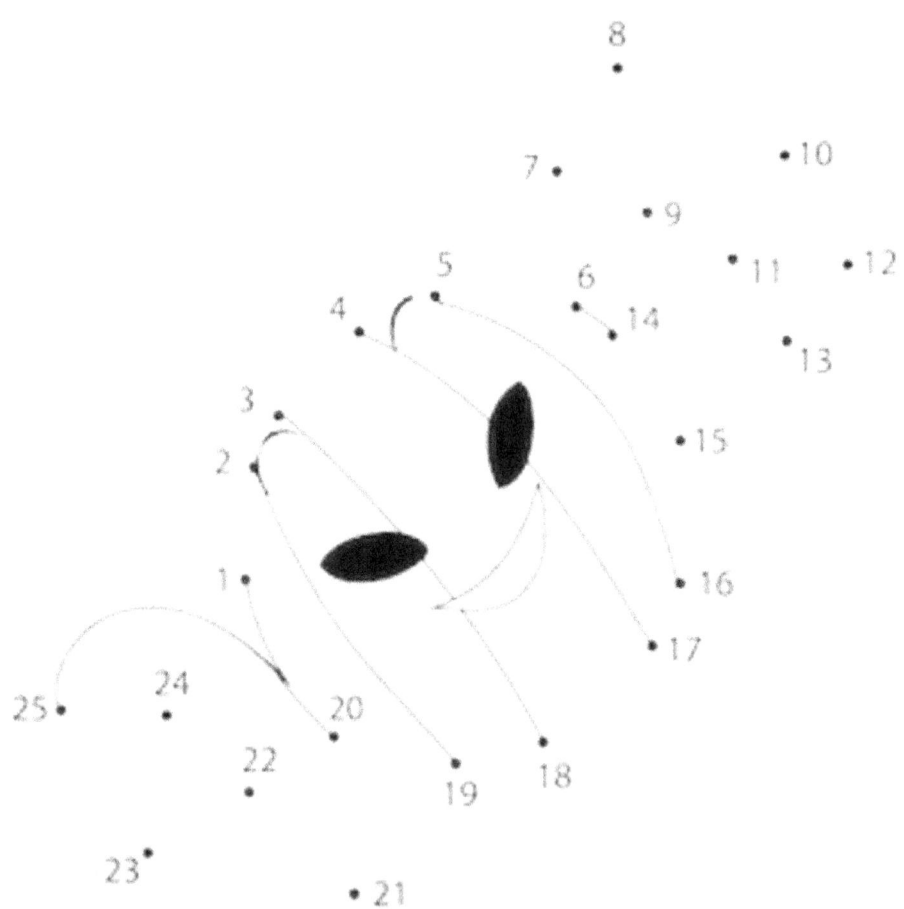

DOT TO DOT

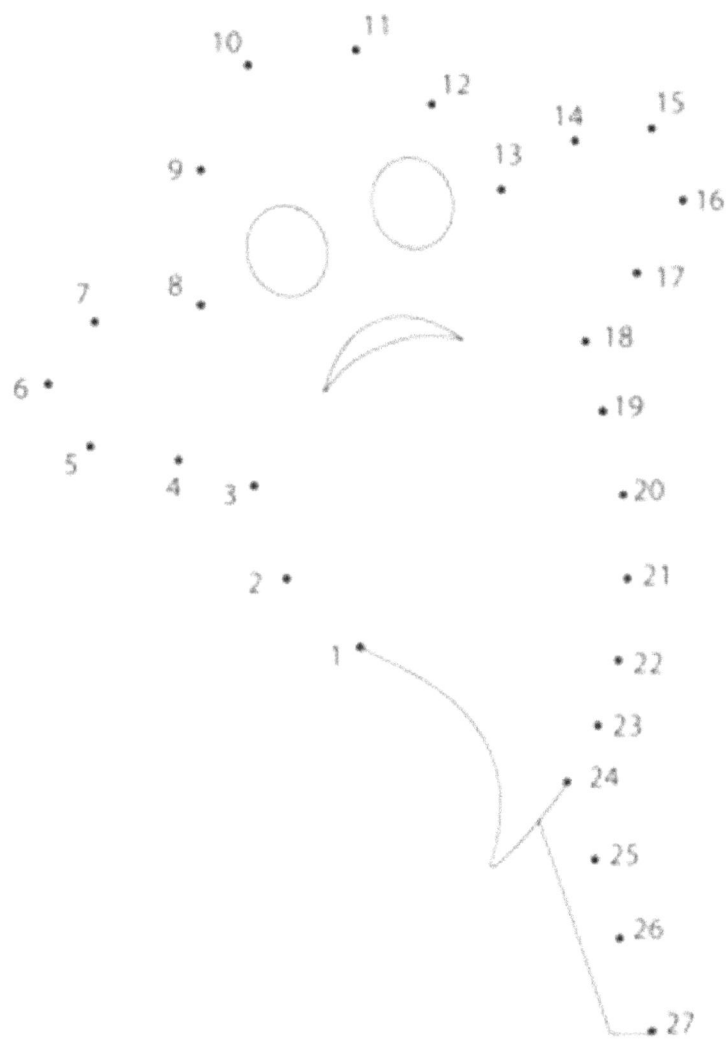

DOT TO DOT

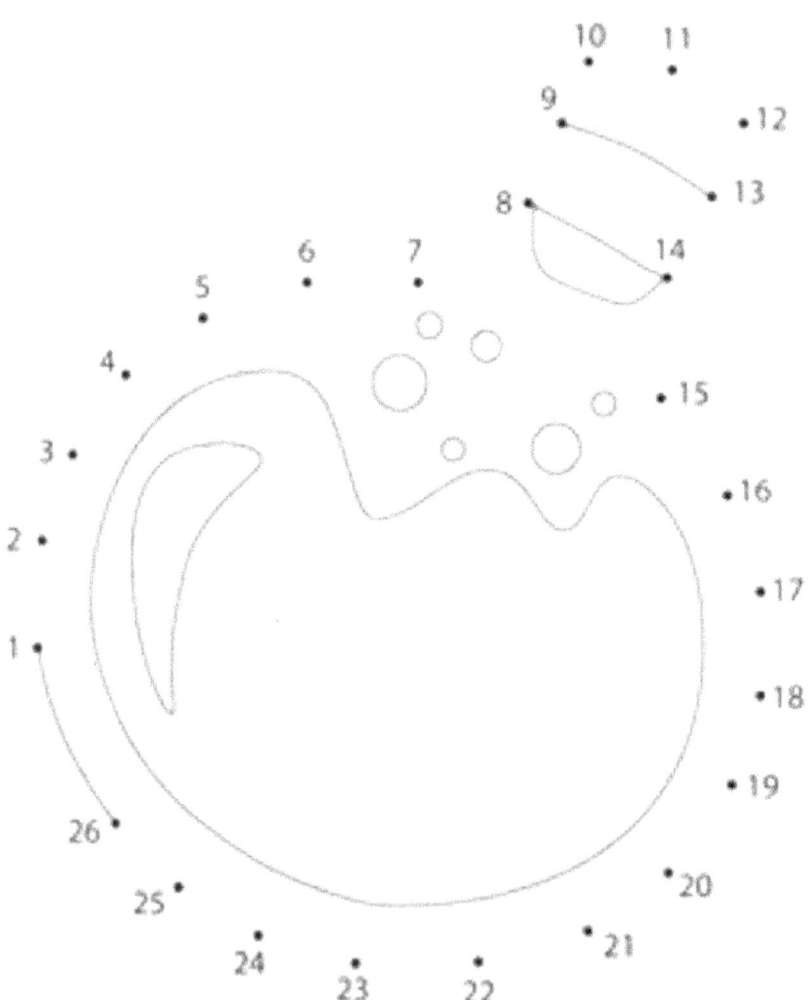

DOT TO DOT

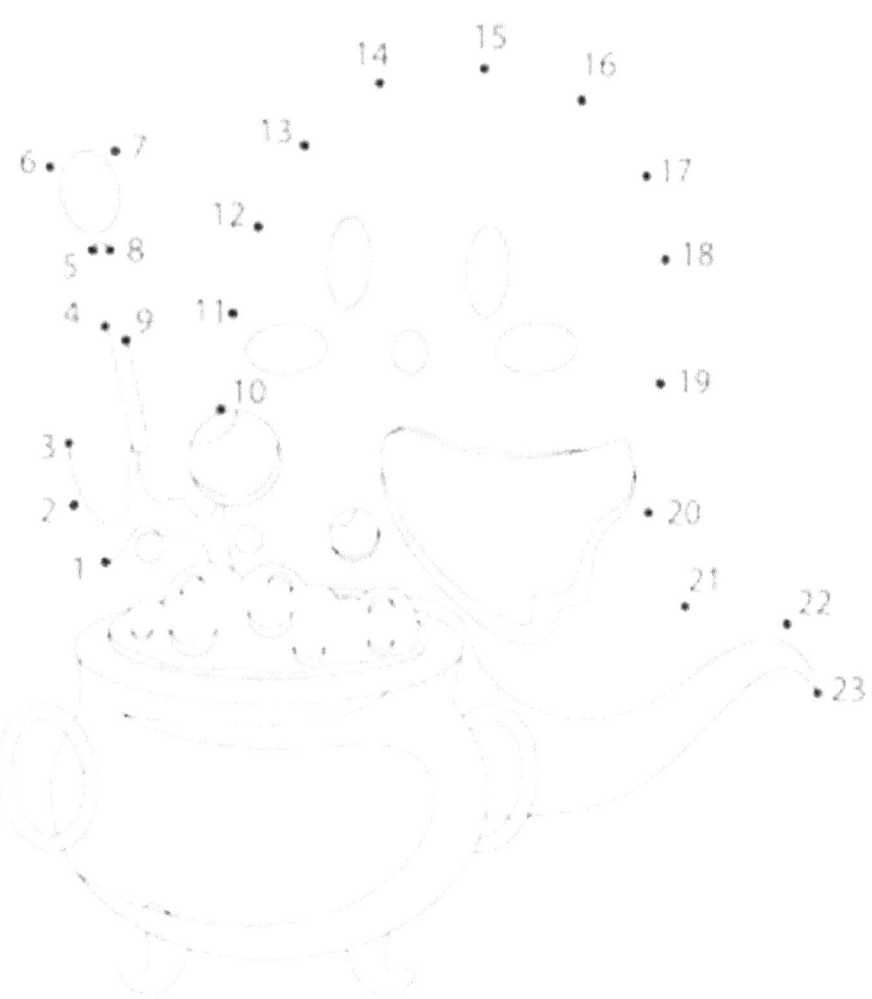

DOT TO DOT

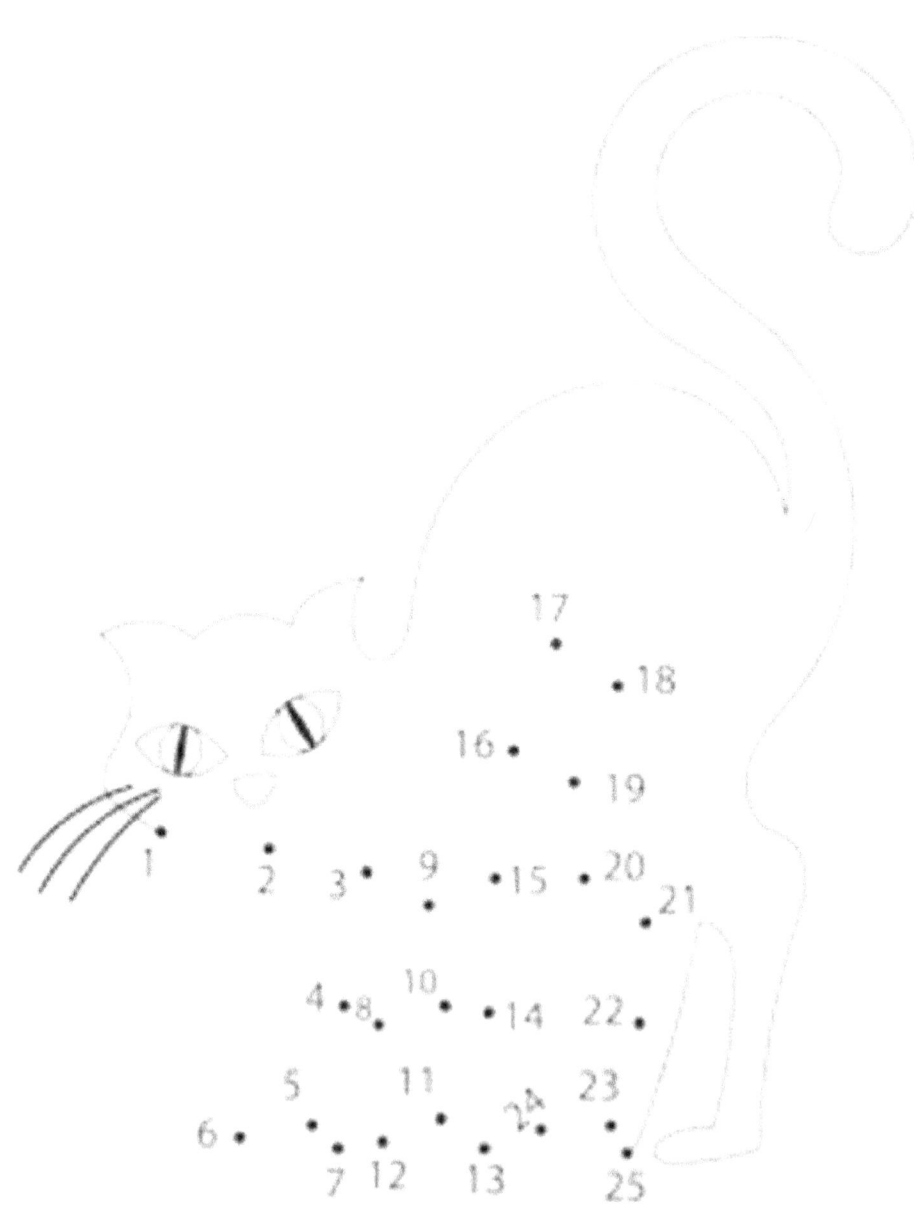

DOT TO DOT

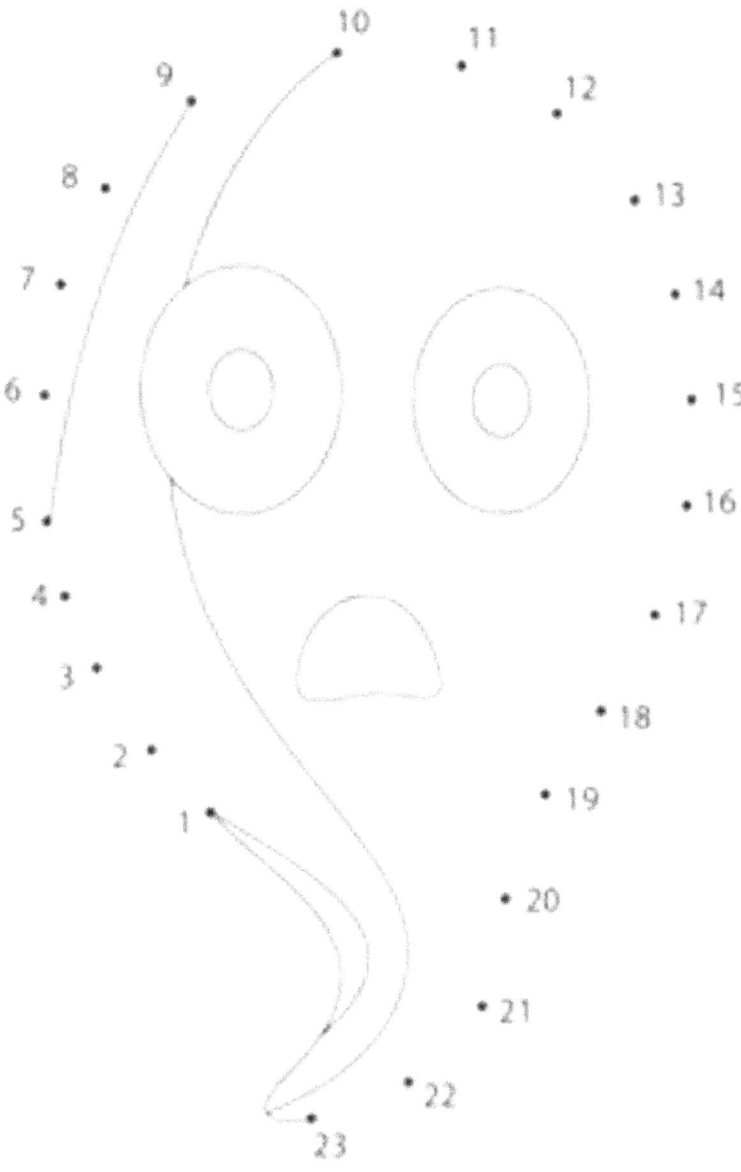

DOT TO DOT

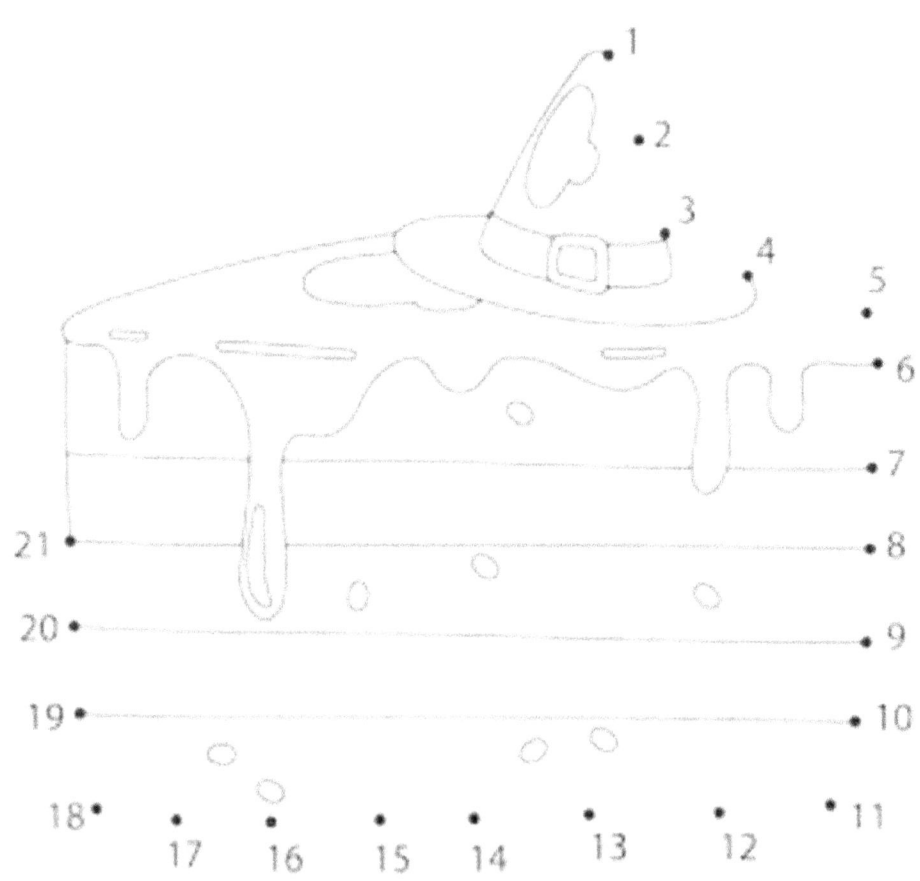

DOT TO DOT

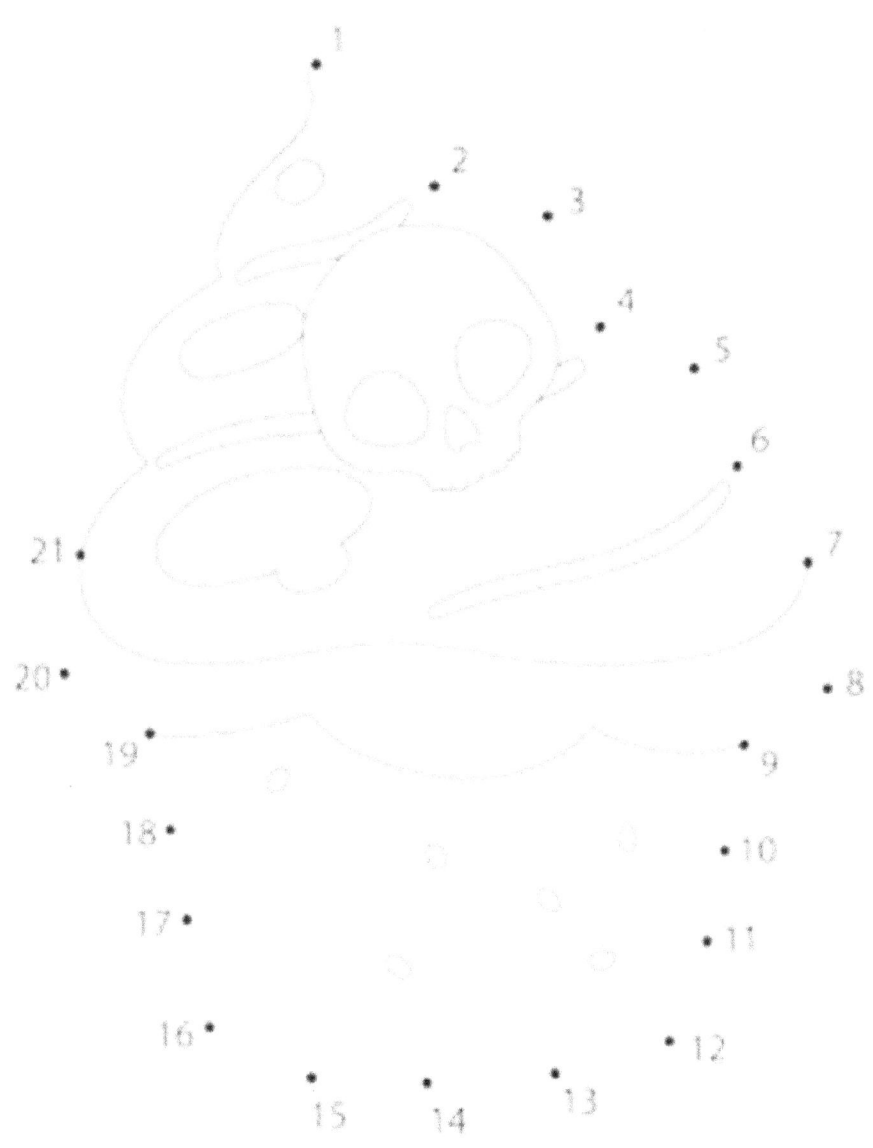

DOT TO DOT

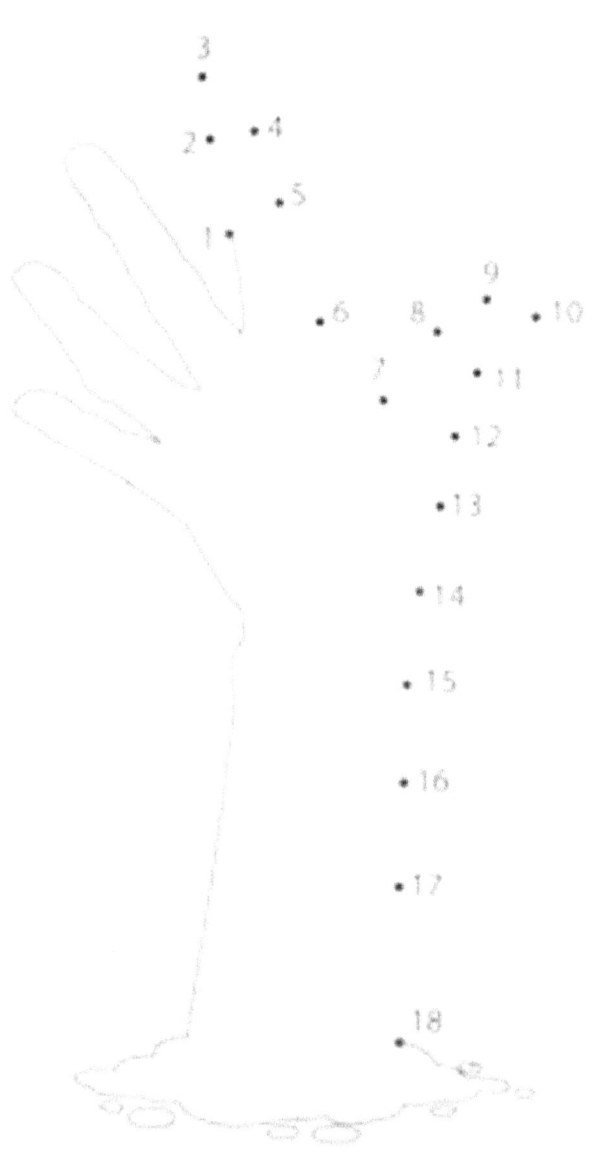

DOT TO DOT

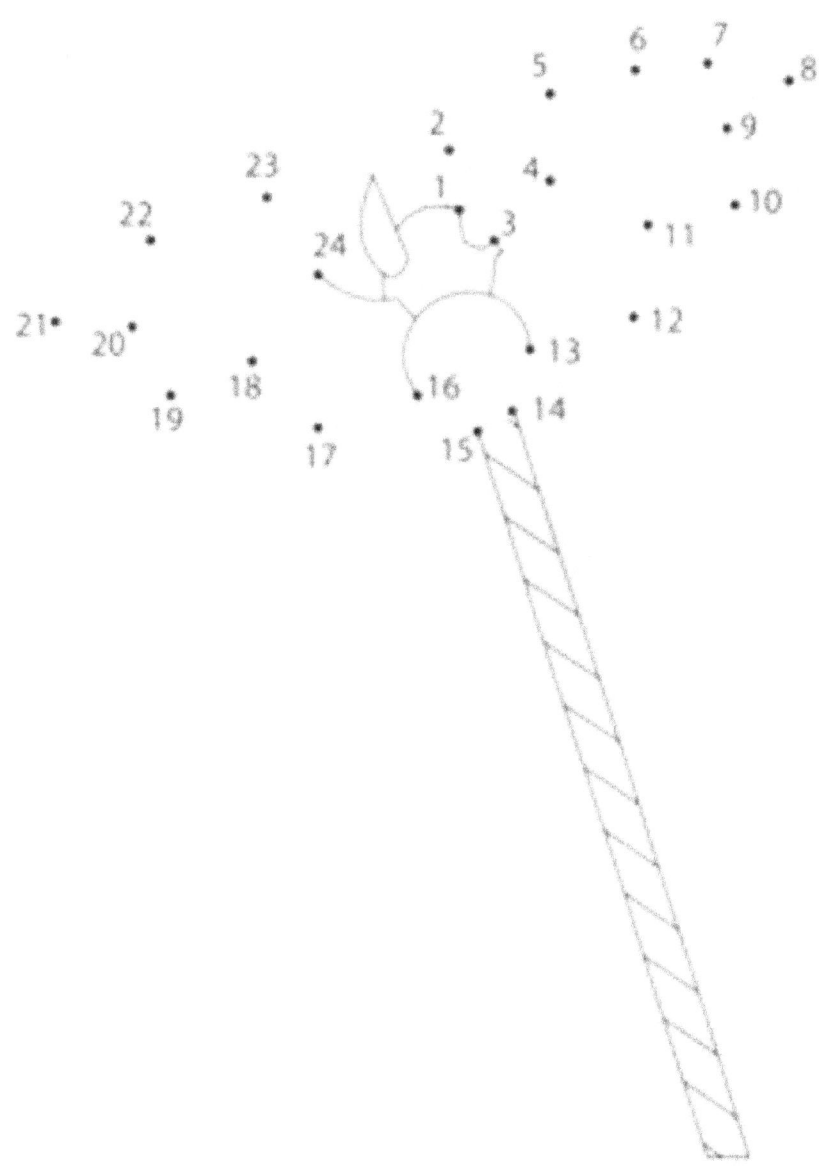

DOT TO DOT

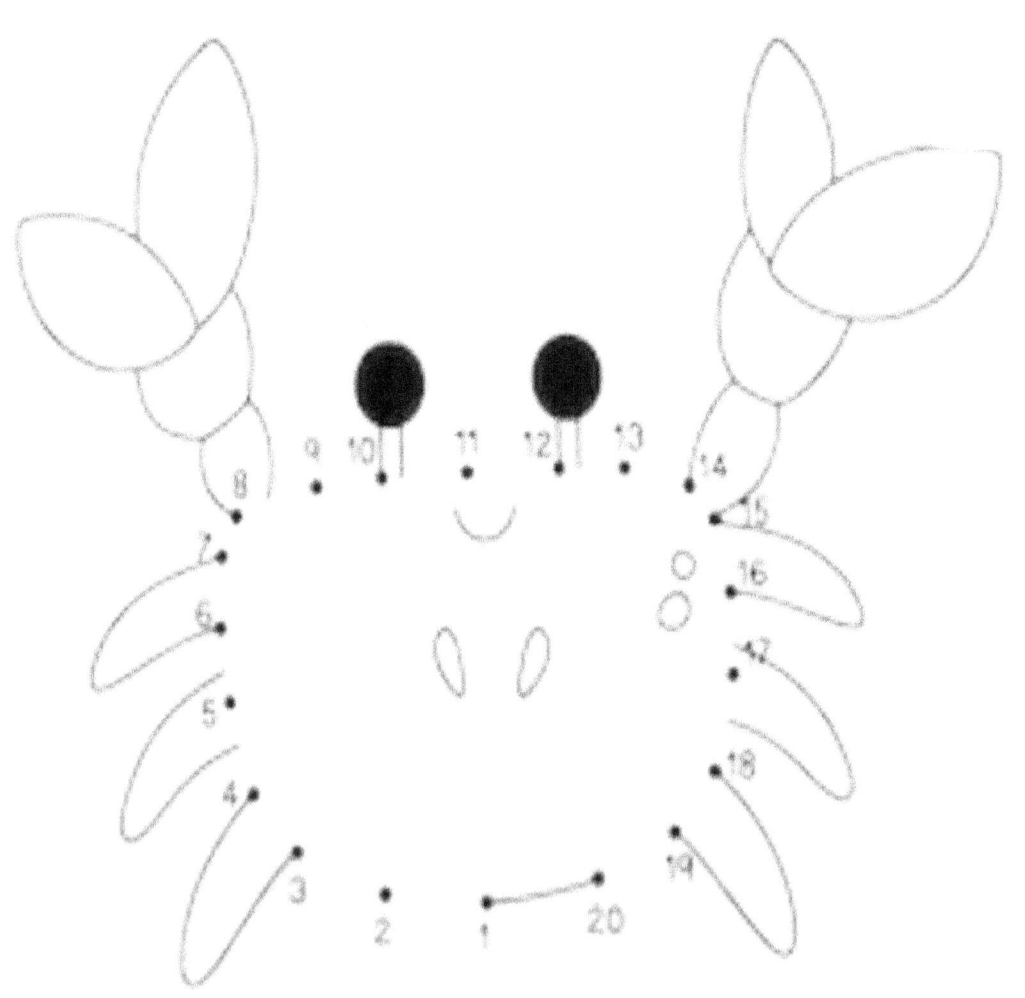

DOT TO DOT

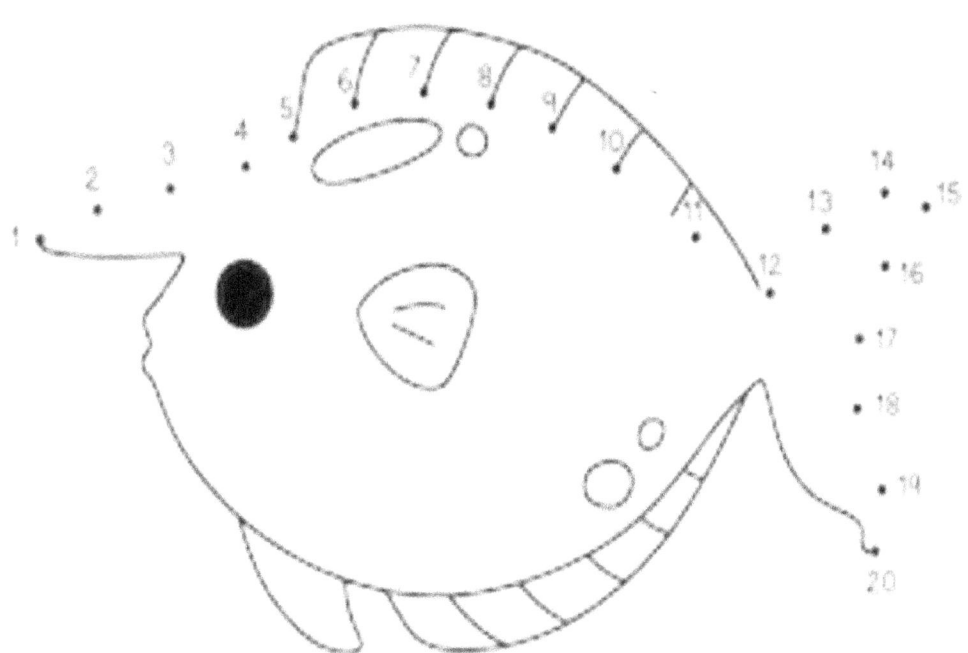

DOT TO DOT

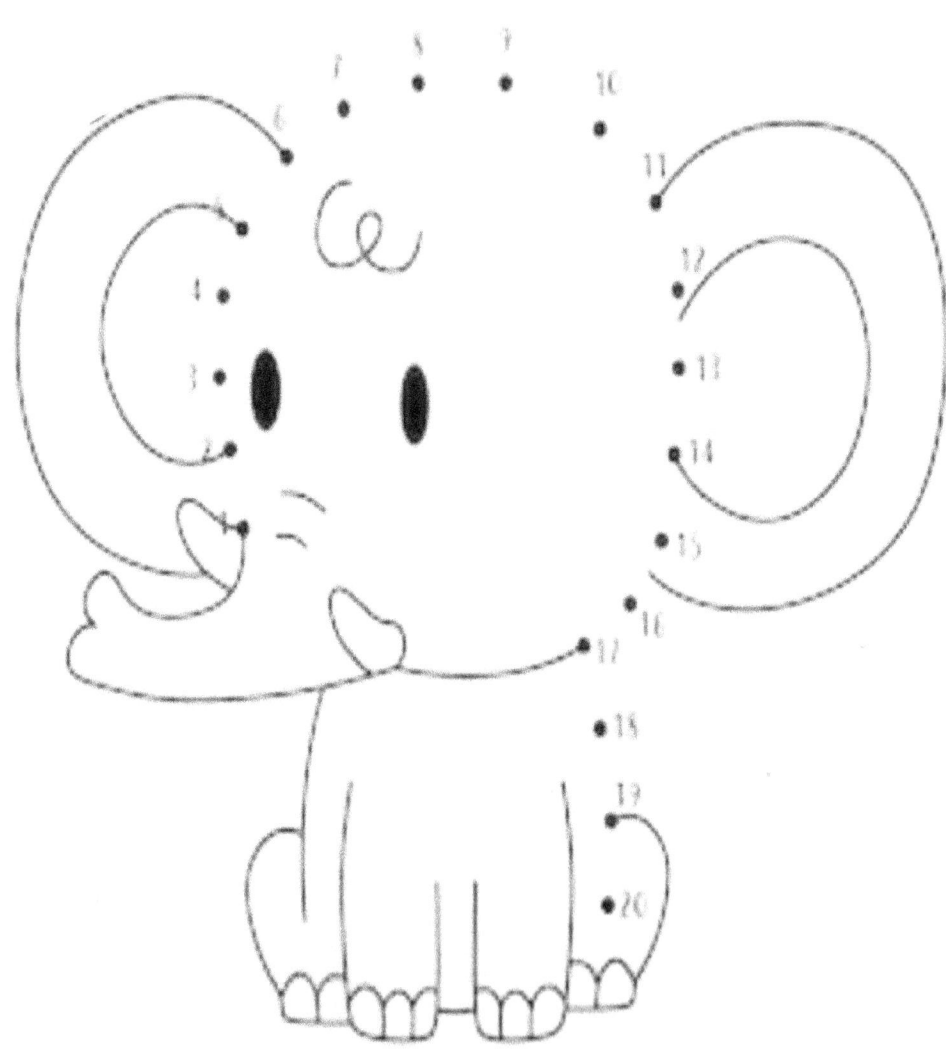

DOT TO DOT

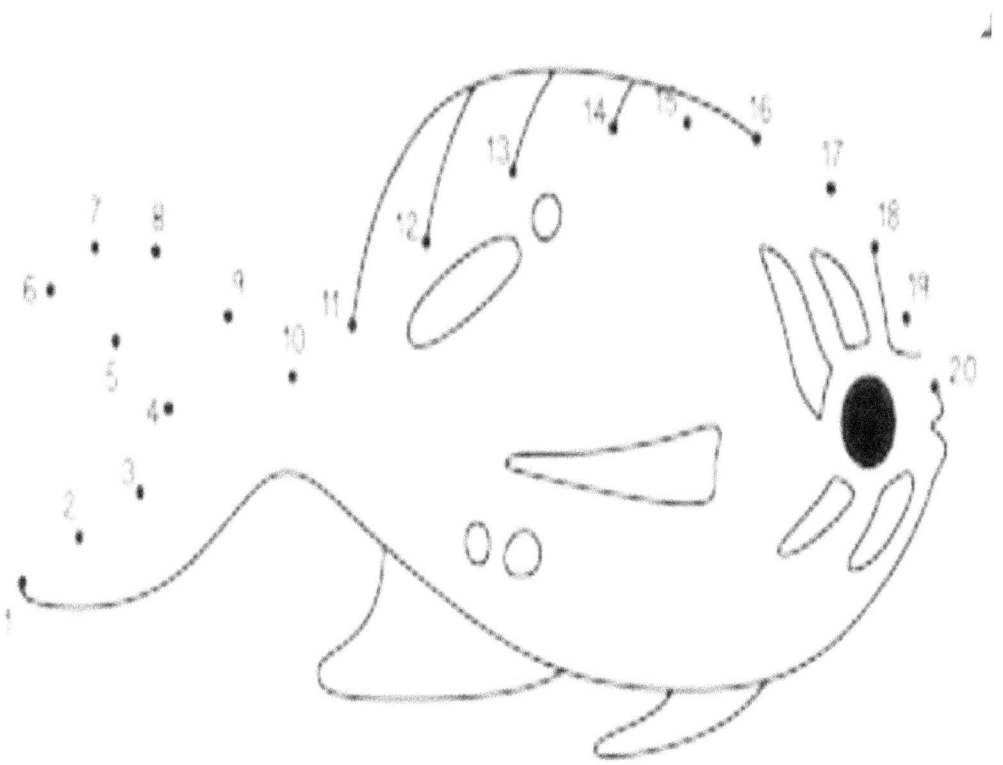

DOT TO DOT

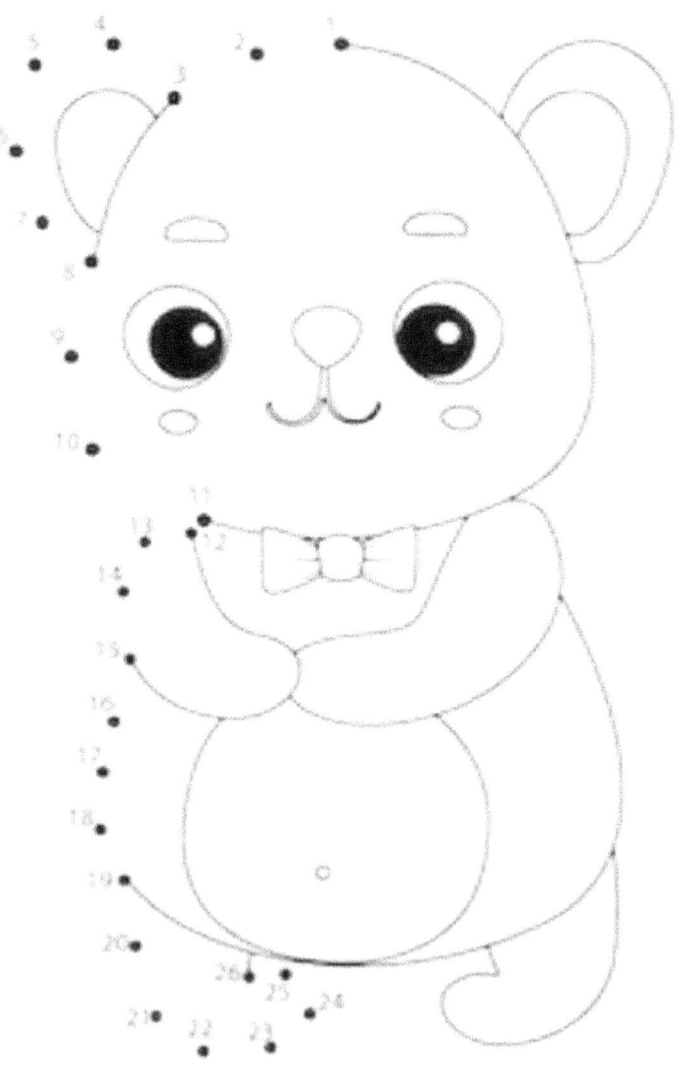

DOT TO DOT

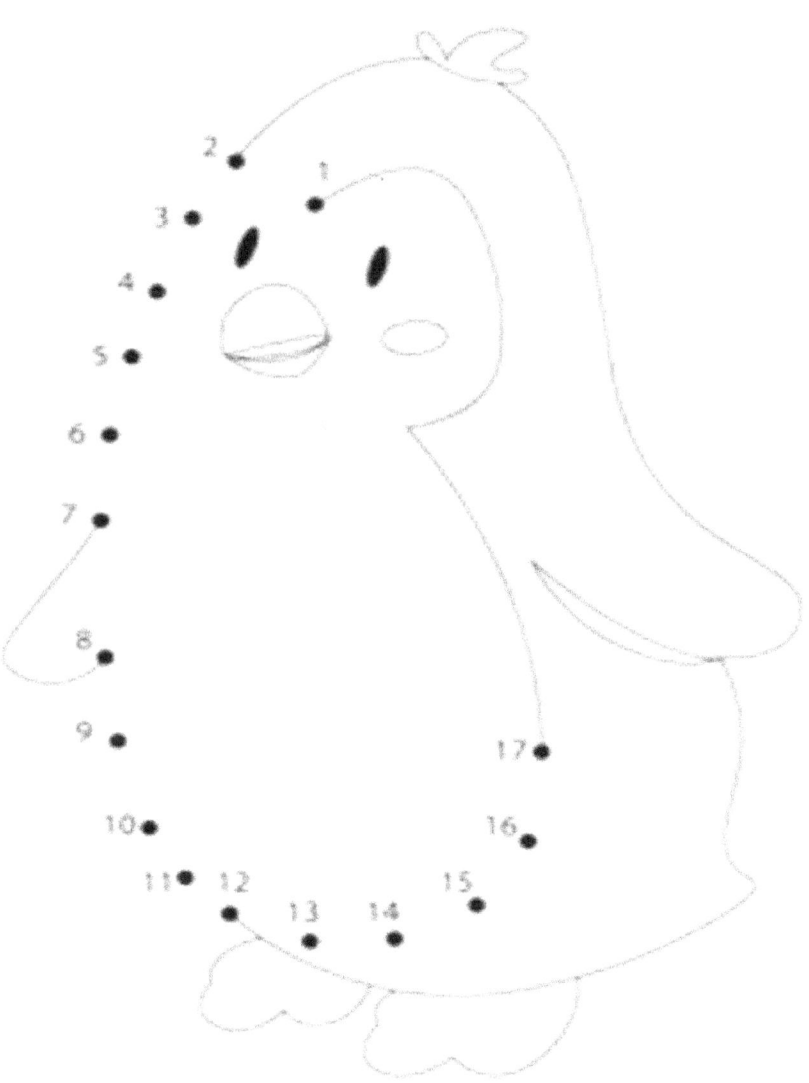

DOT TO DOT

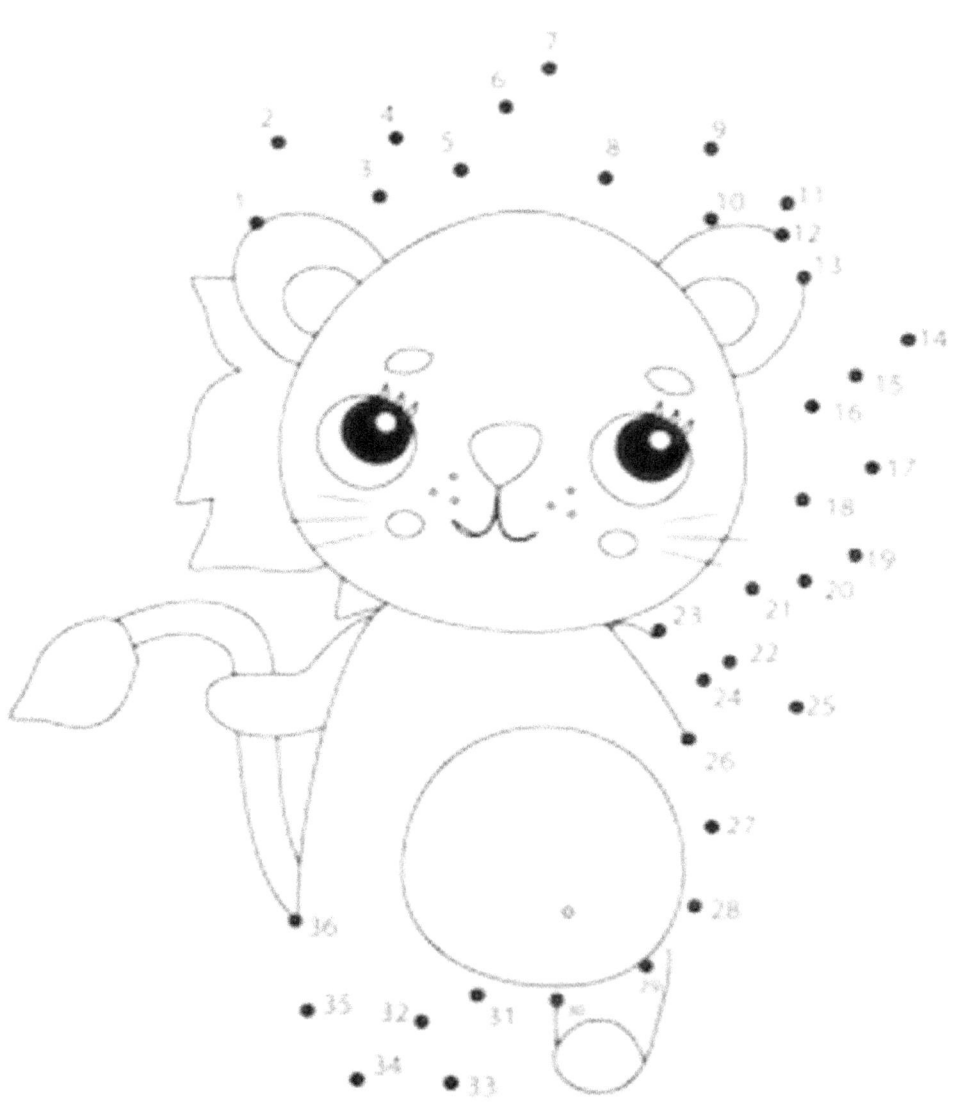

DOT TO DOT

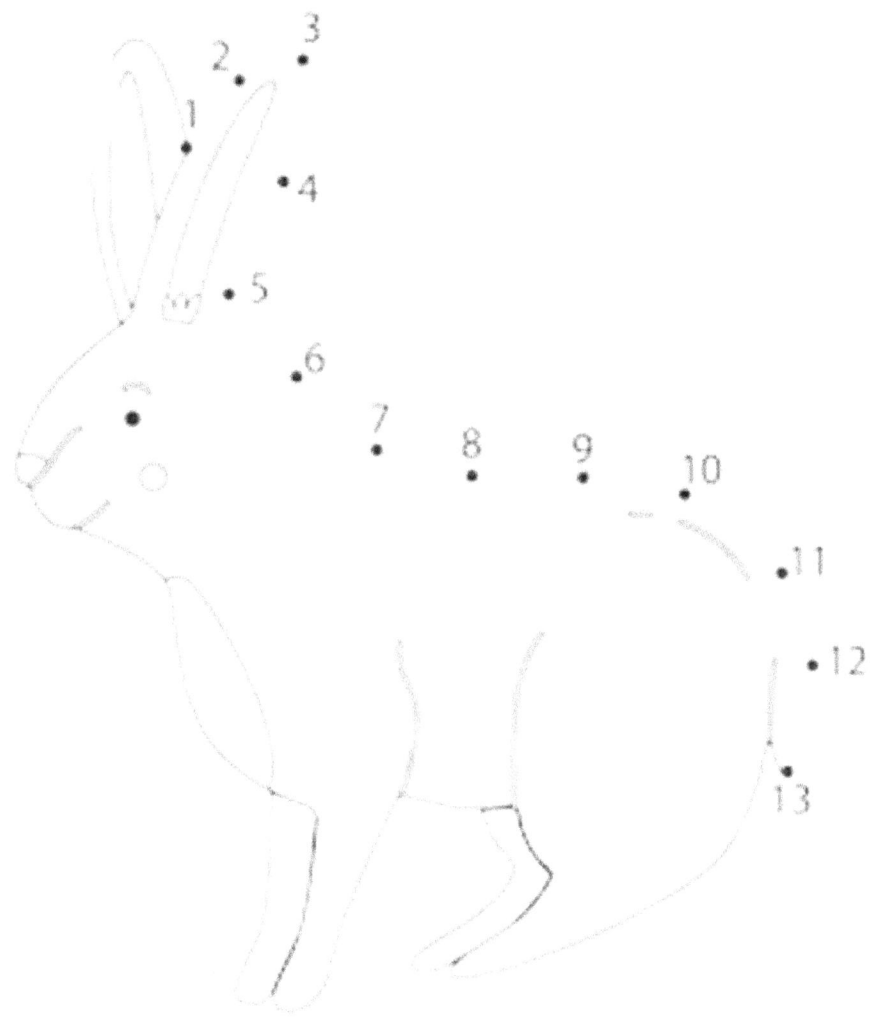

DOT TO DOT

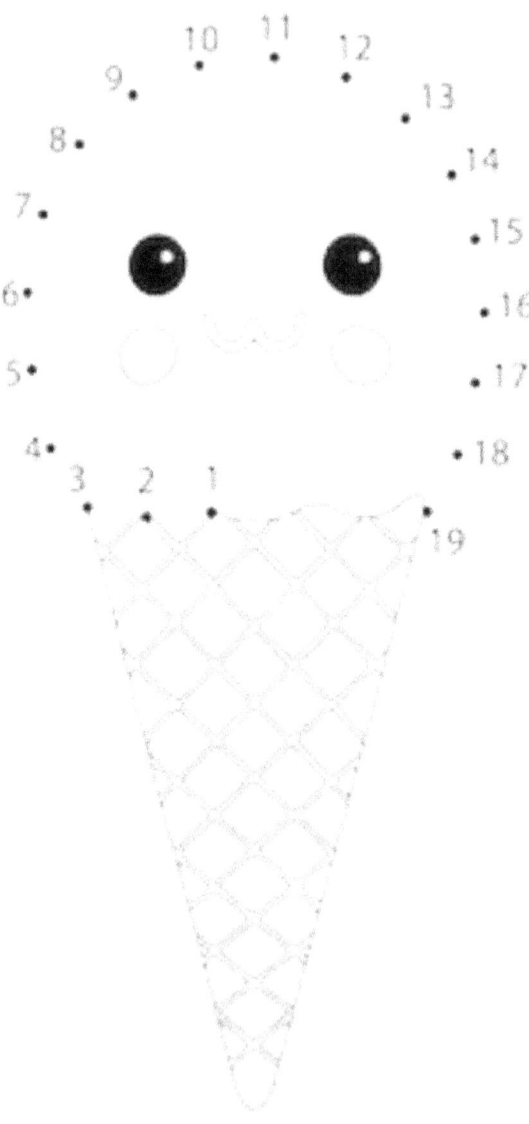

DOT TO DOT

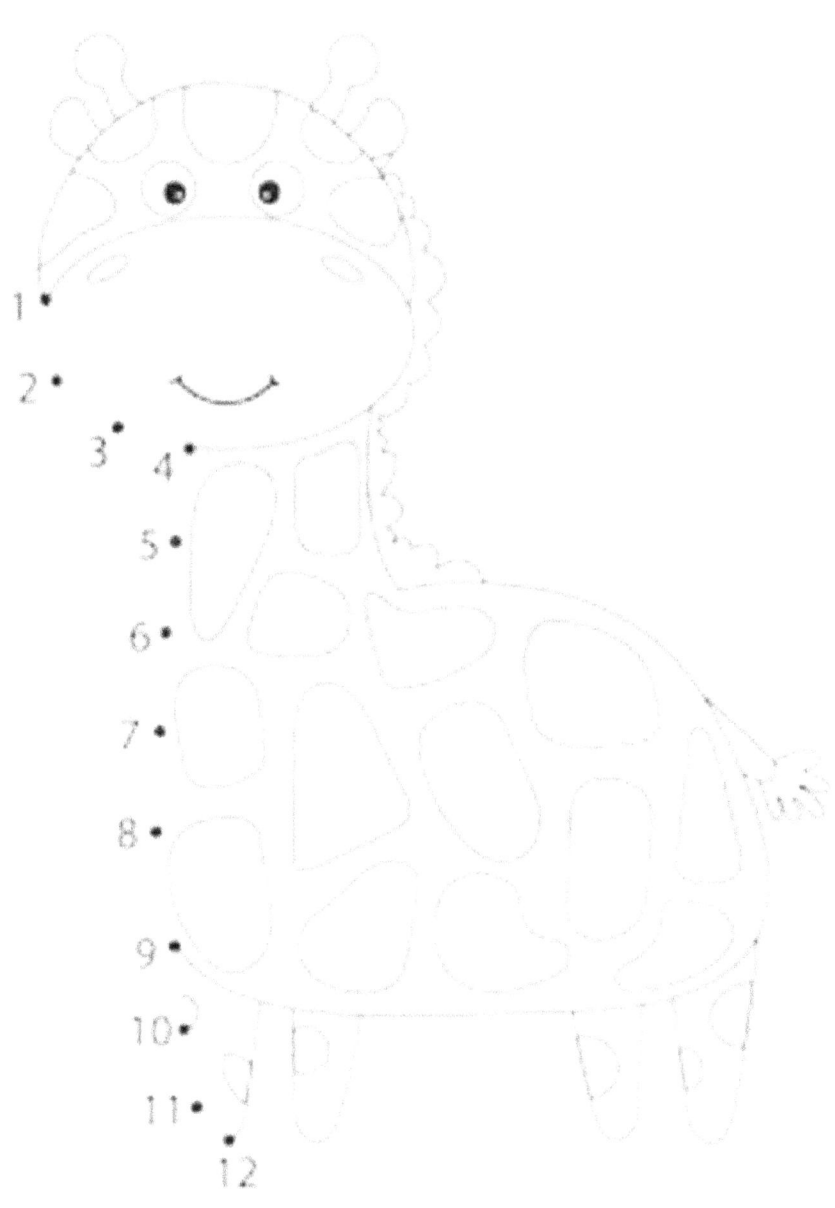

1
2
3
4
5
6
7
8
9
10
11
12

DOT TO DOT

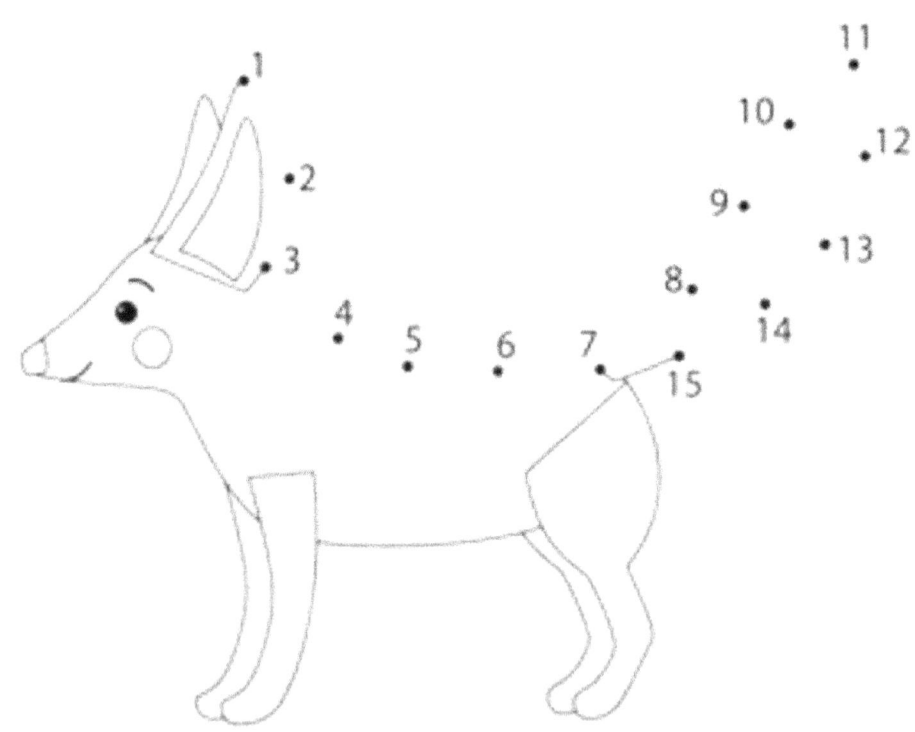

DOT TO DOT

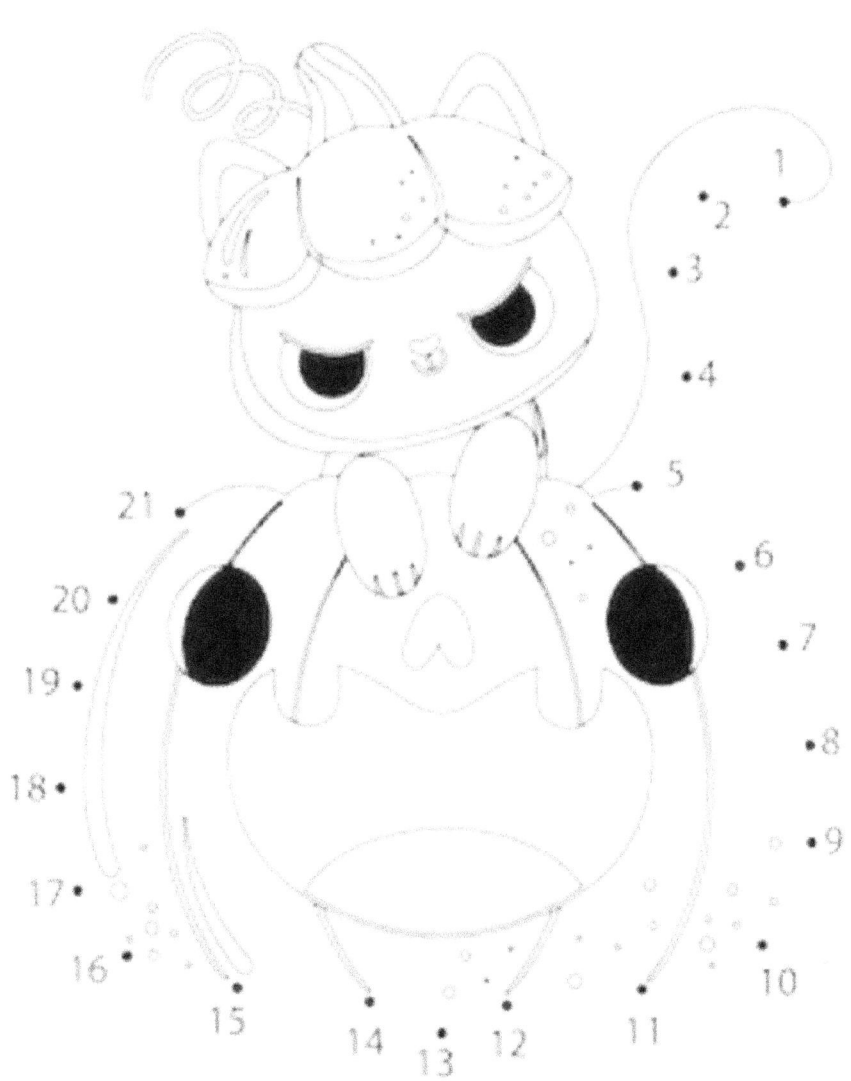

DOT TO DOT

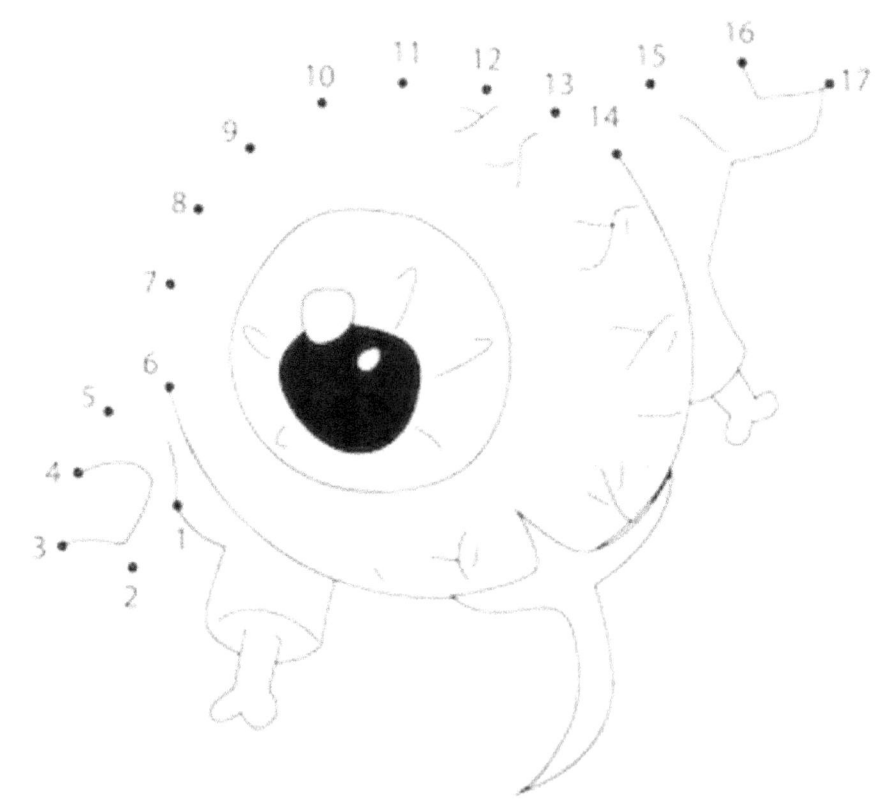

DOT TO DOT

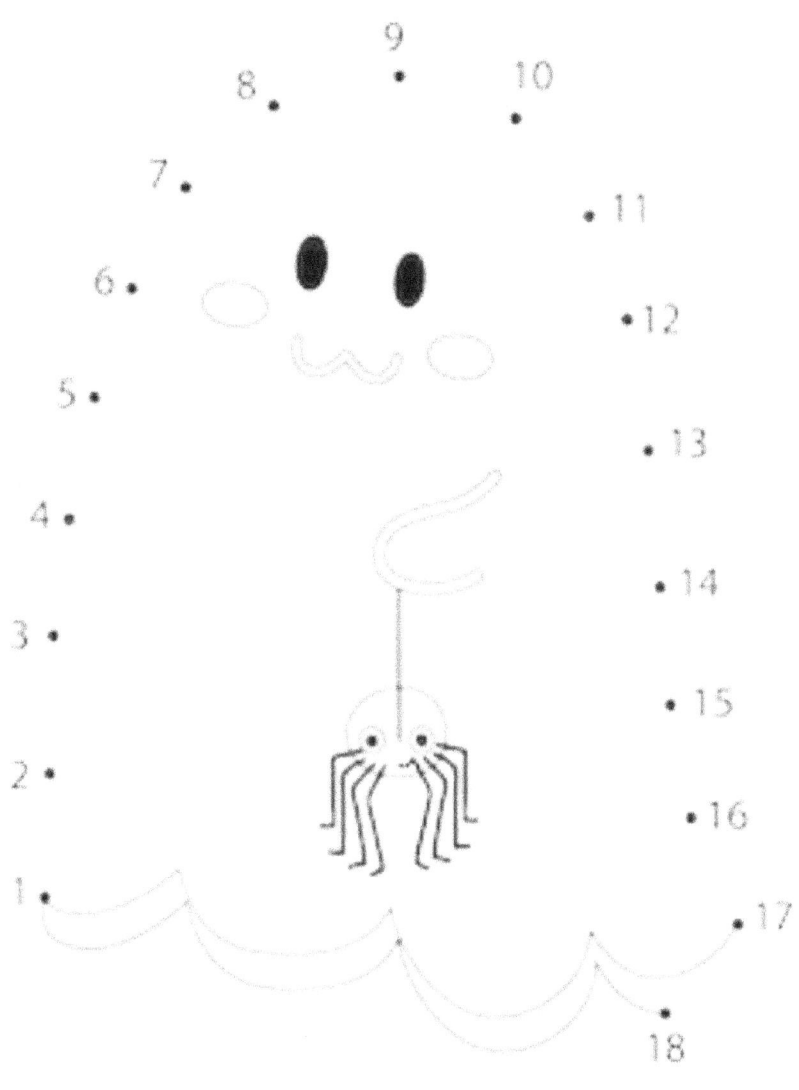

DOT TO DOT

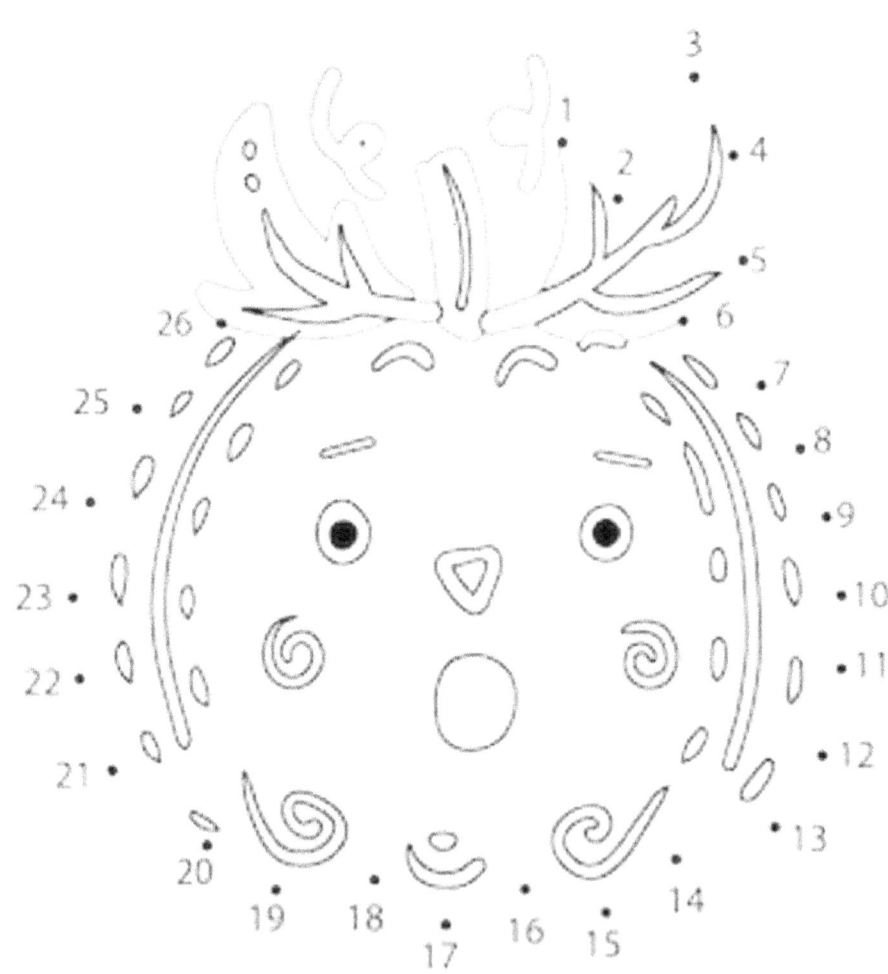

DOT TO DOT

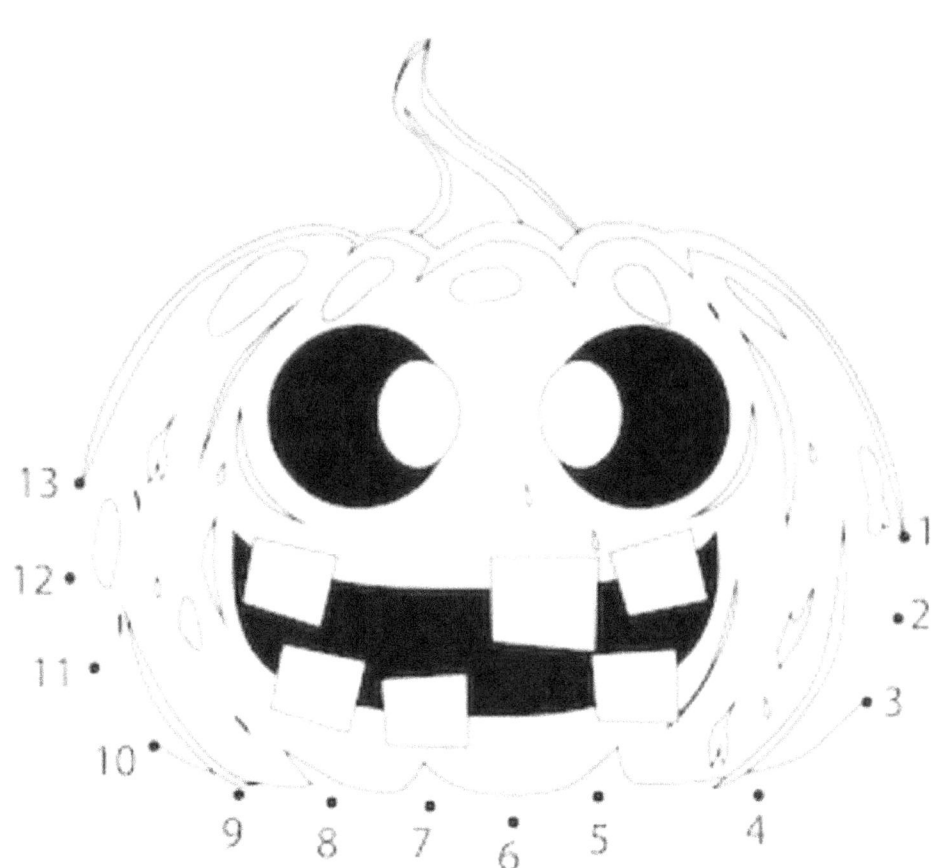

DOT TO DOT

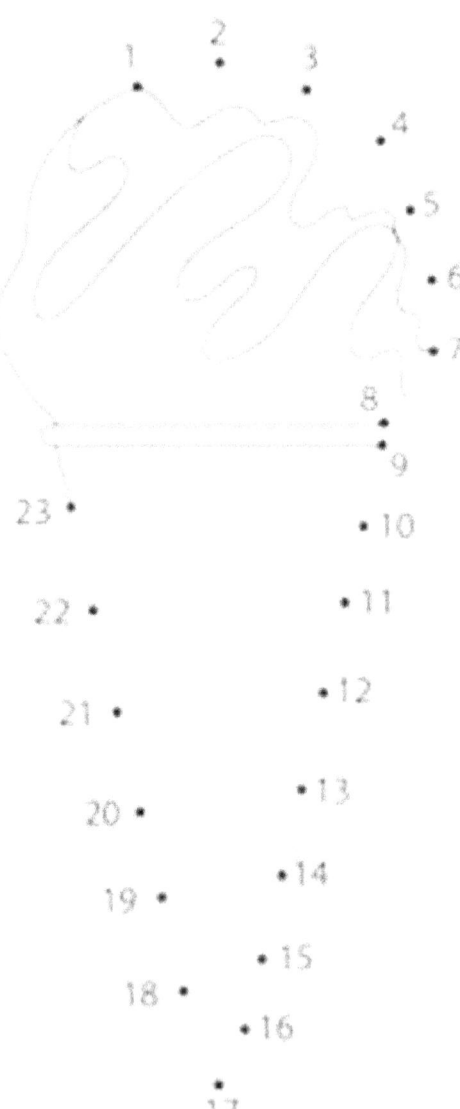

DOT TO DOT

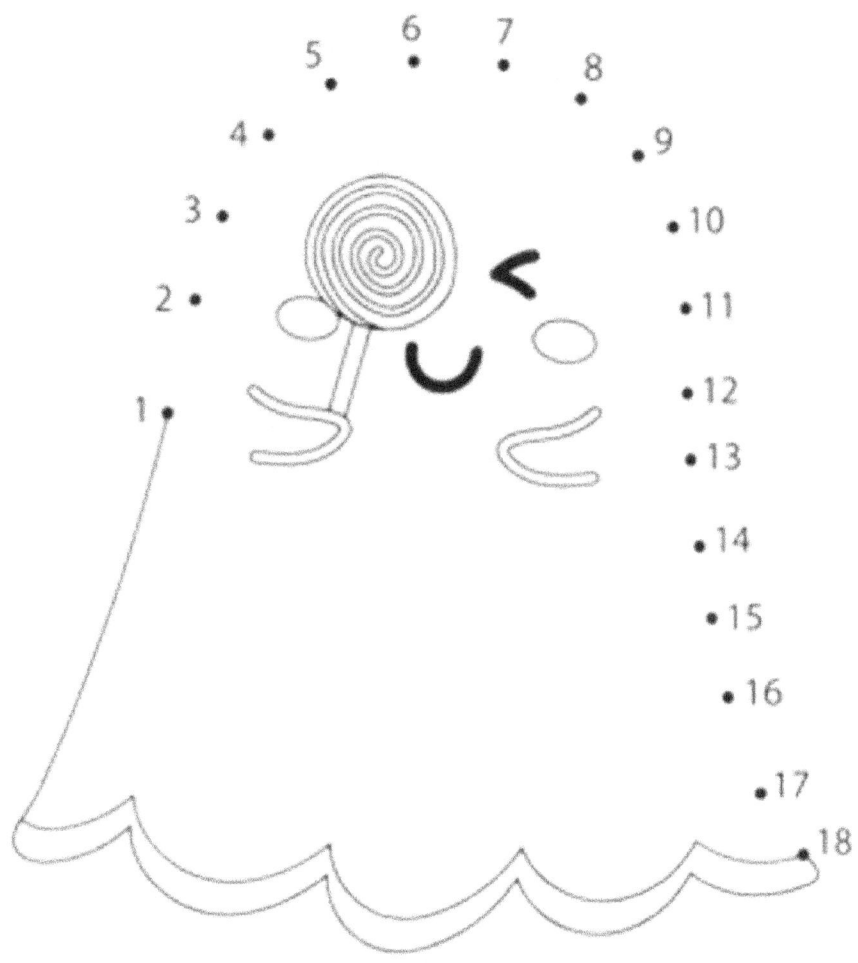

DOT TO DOT

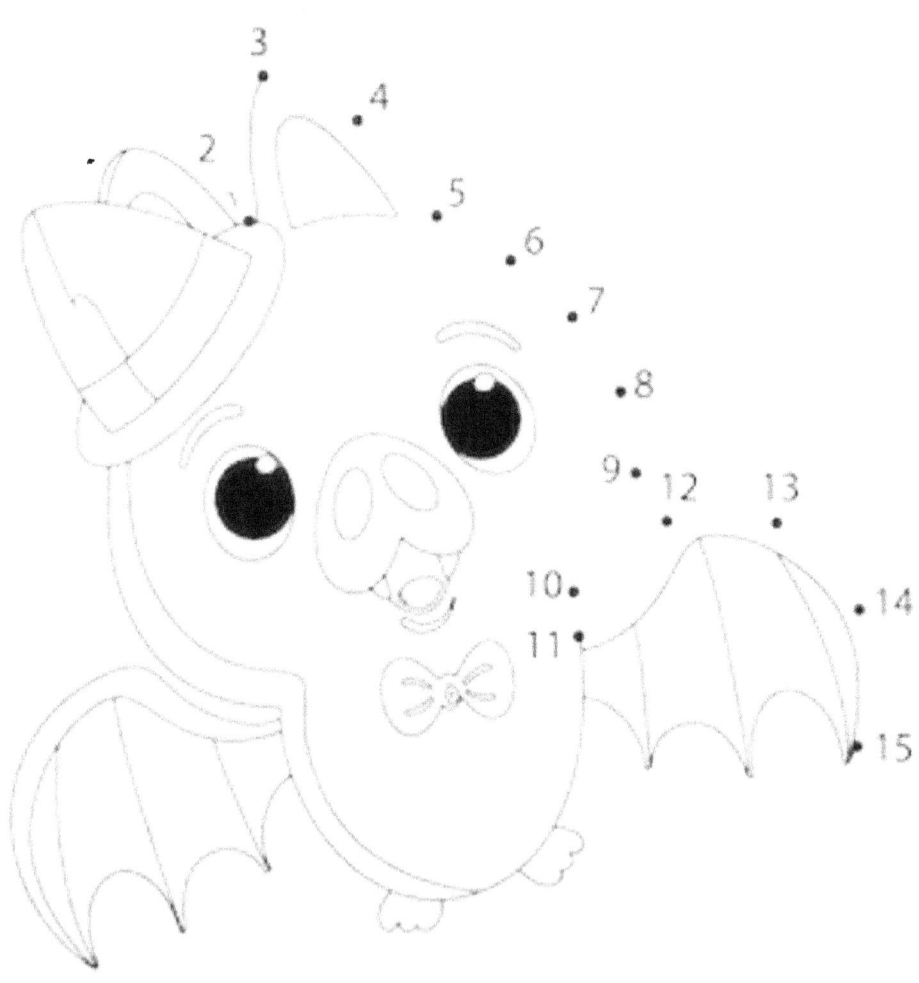

DOT TO DOT

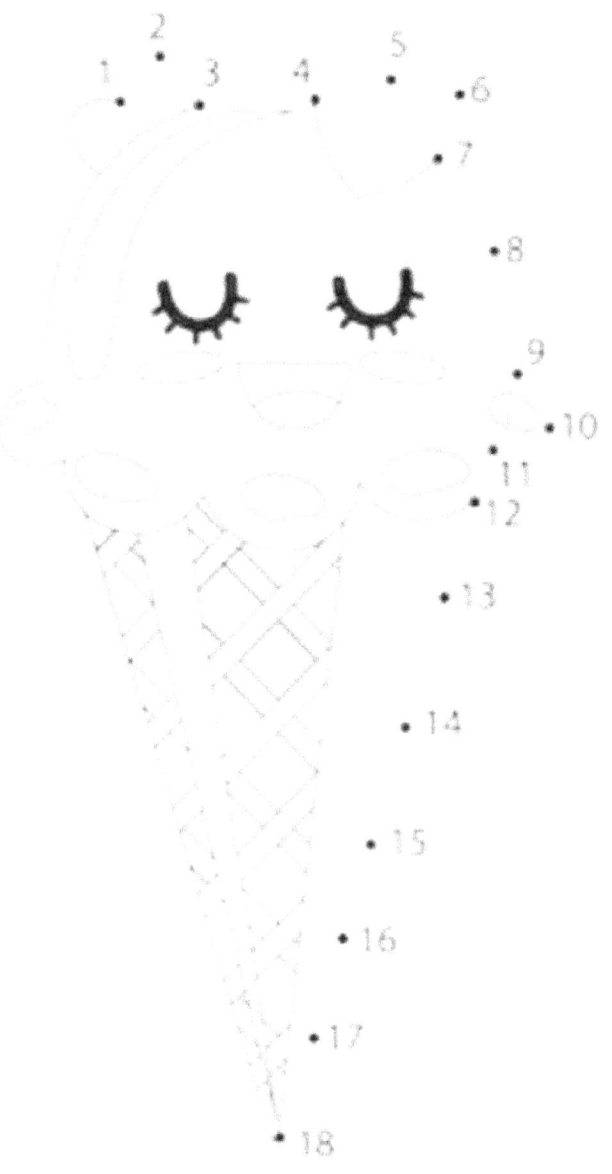

DOT TO DOT

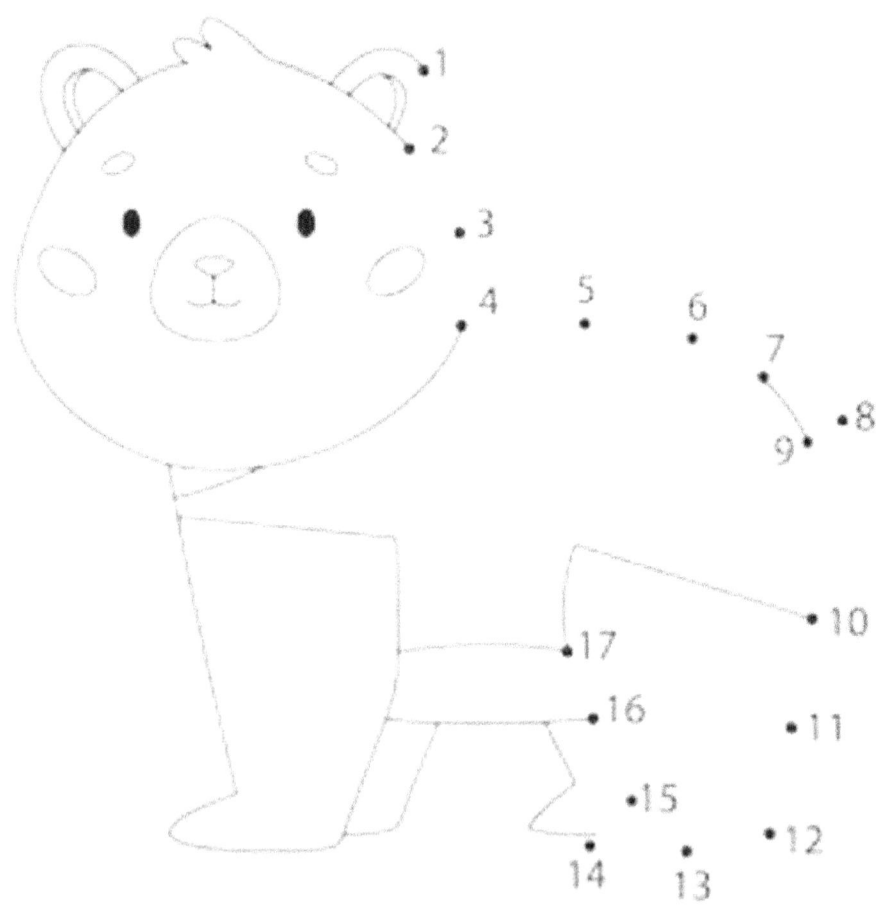

DOT TO DOT

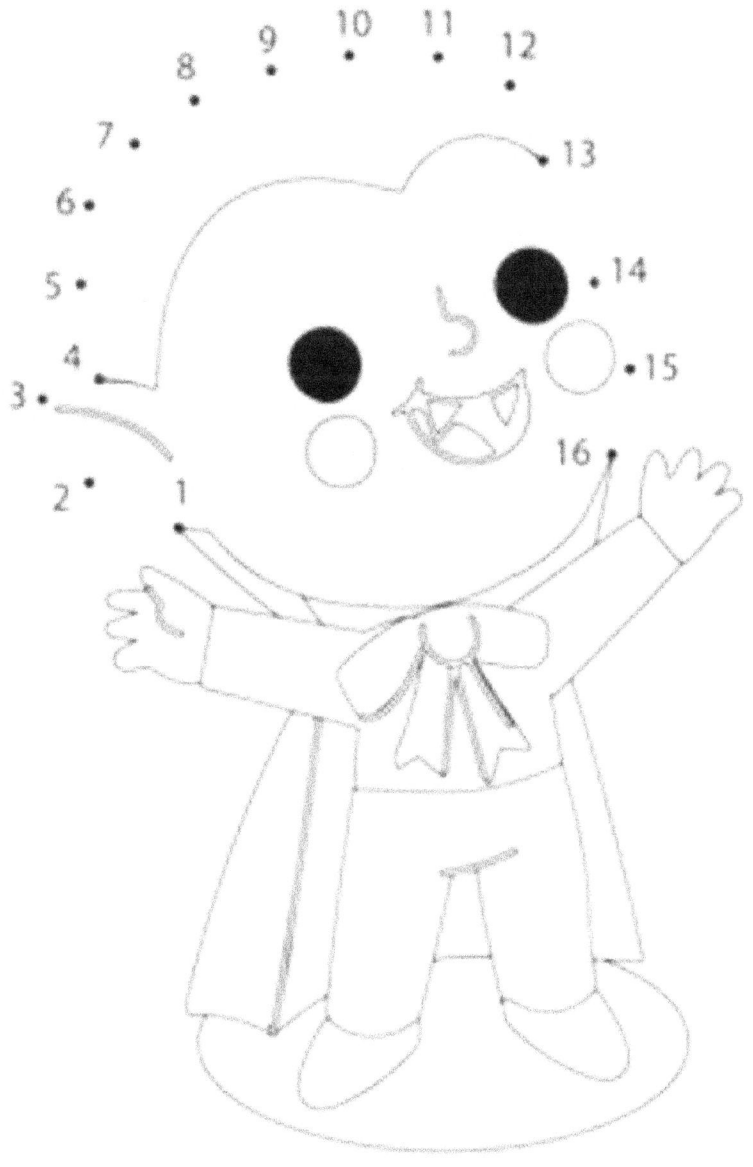

DOT TO DOT

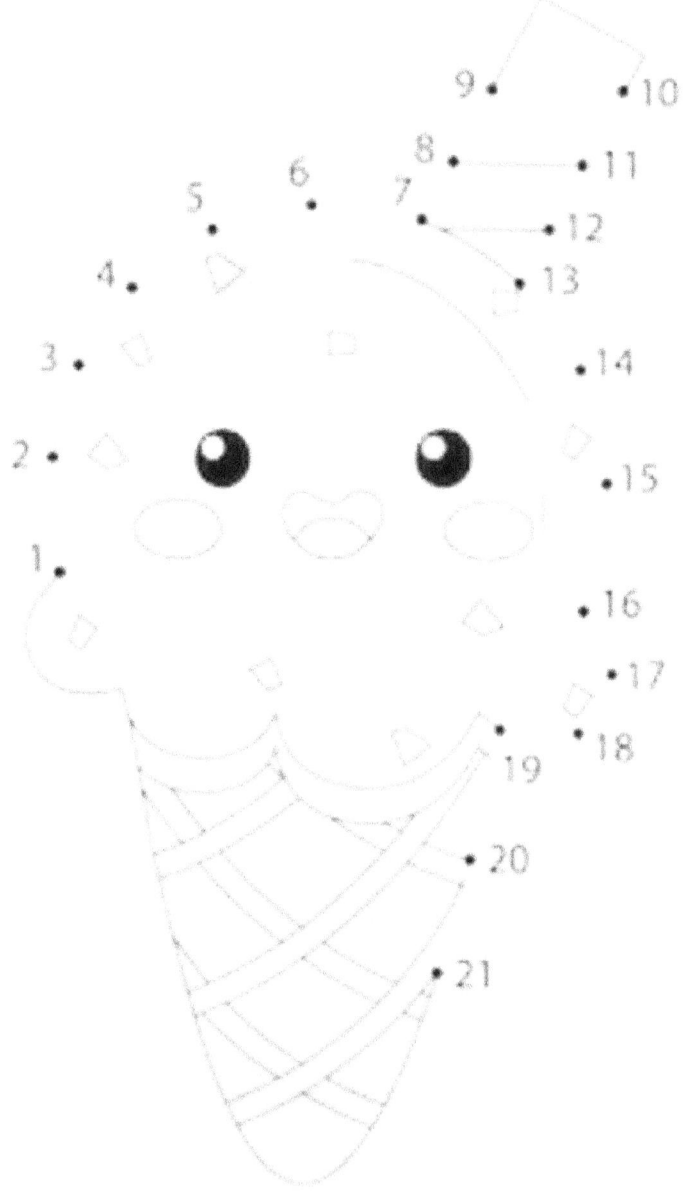

DOT TO DOT

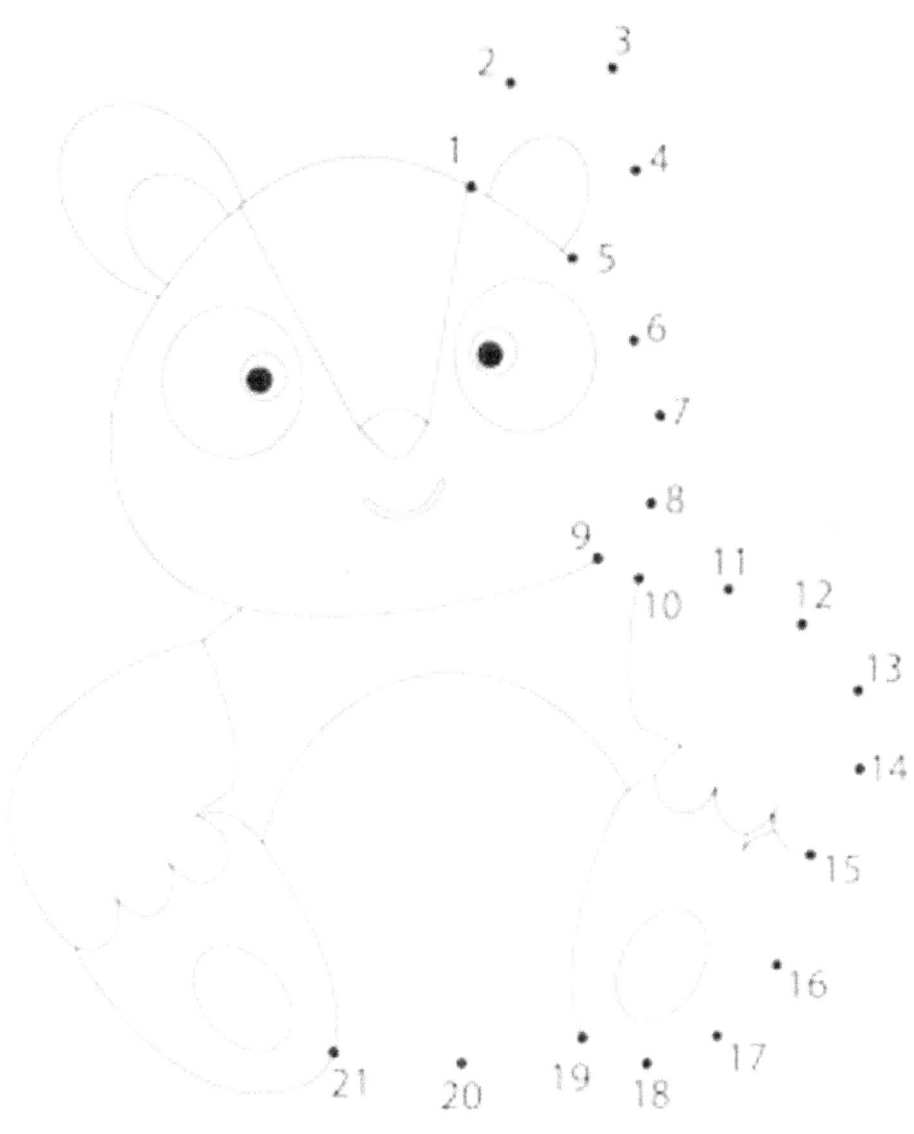

DOT TO DOT

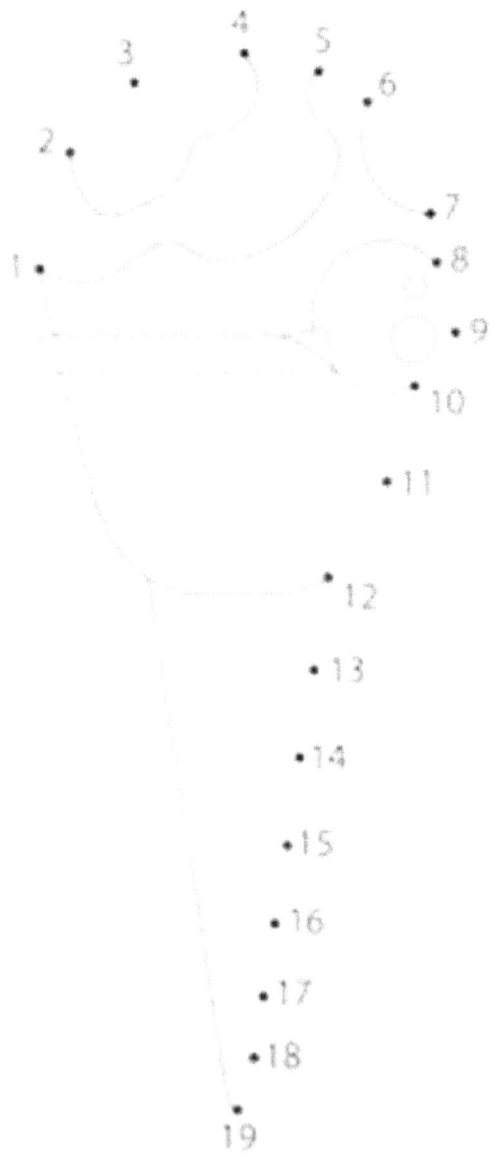

DOT TO DOT

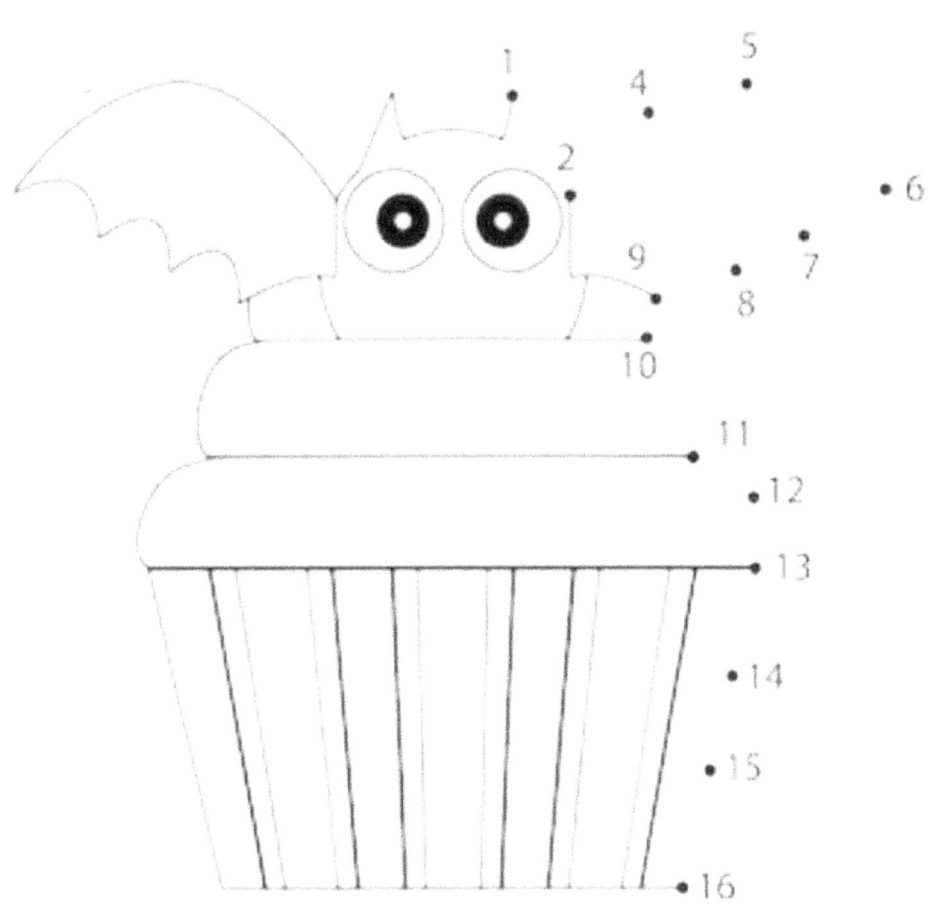

DOT TO DOT

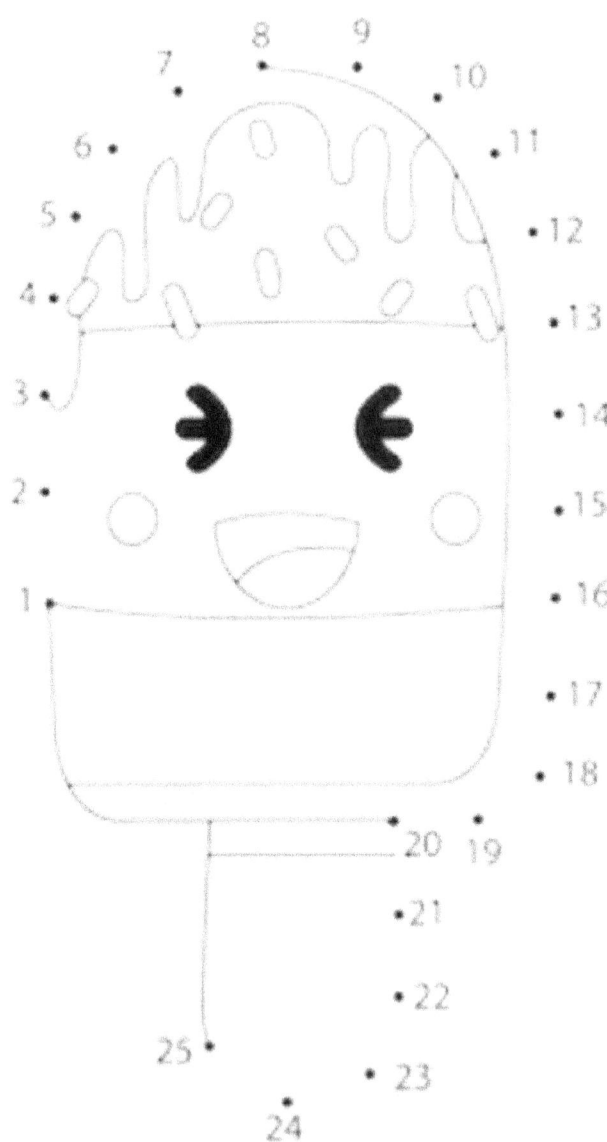

DOT TO DOT

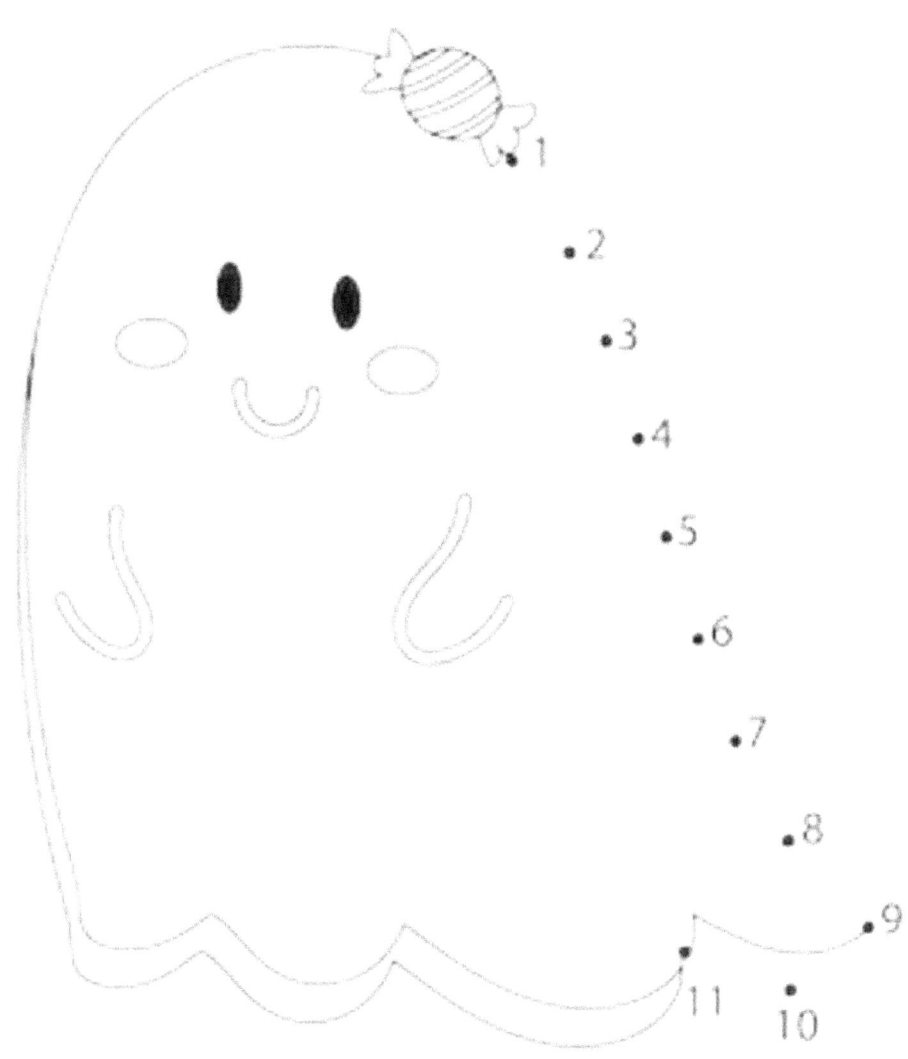

DOT TO DOT

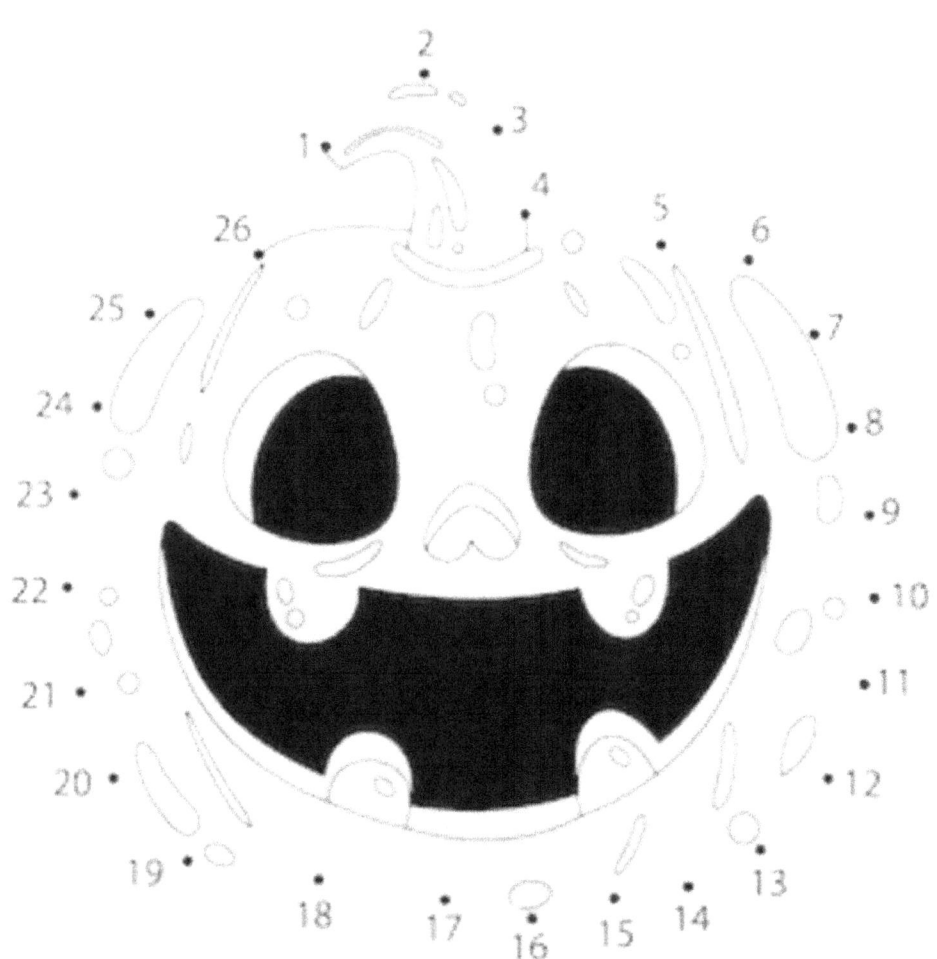

DOT TO DOT

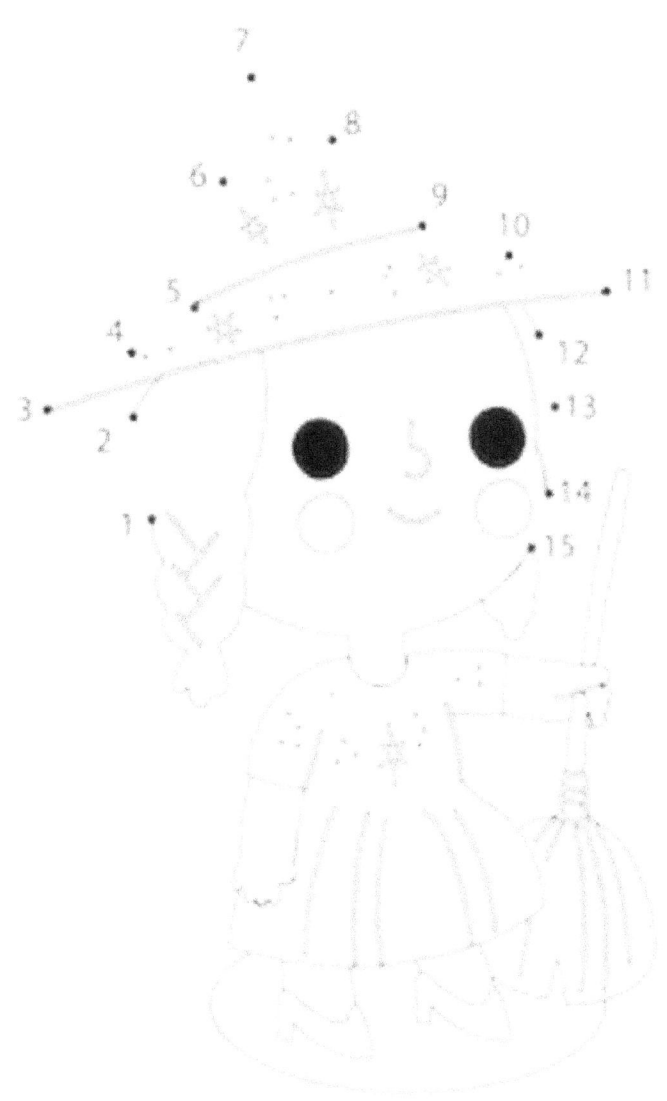

DOT TO DOT

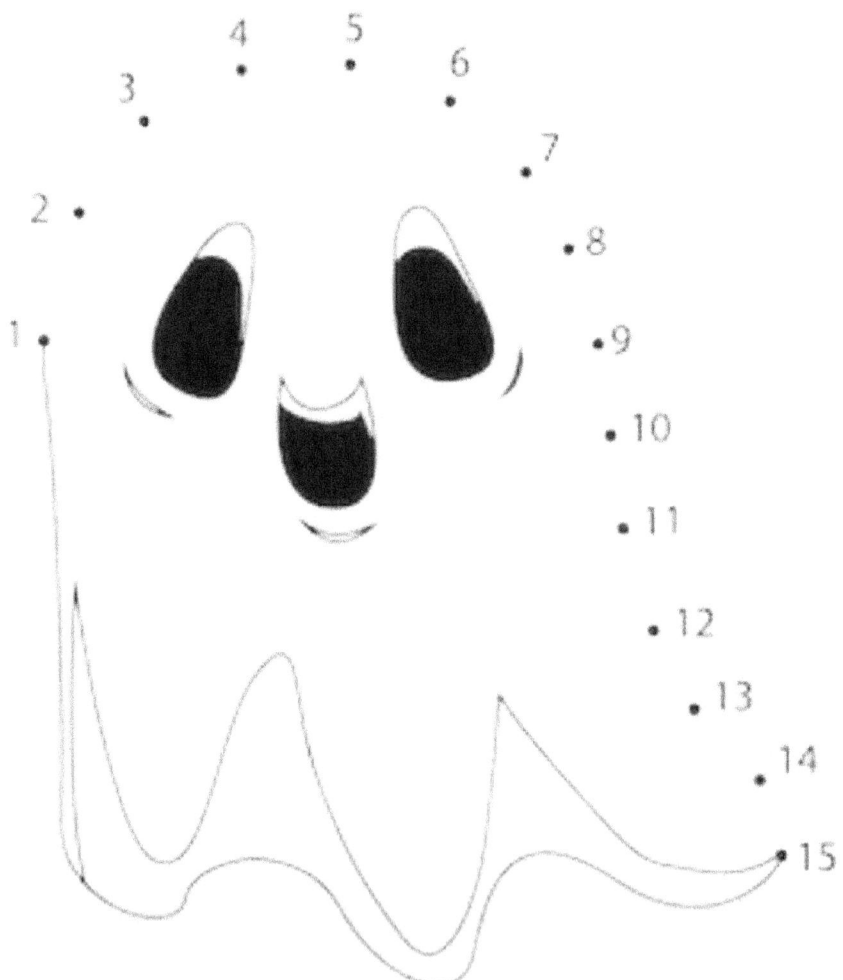

DOT TO DOT

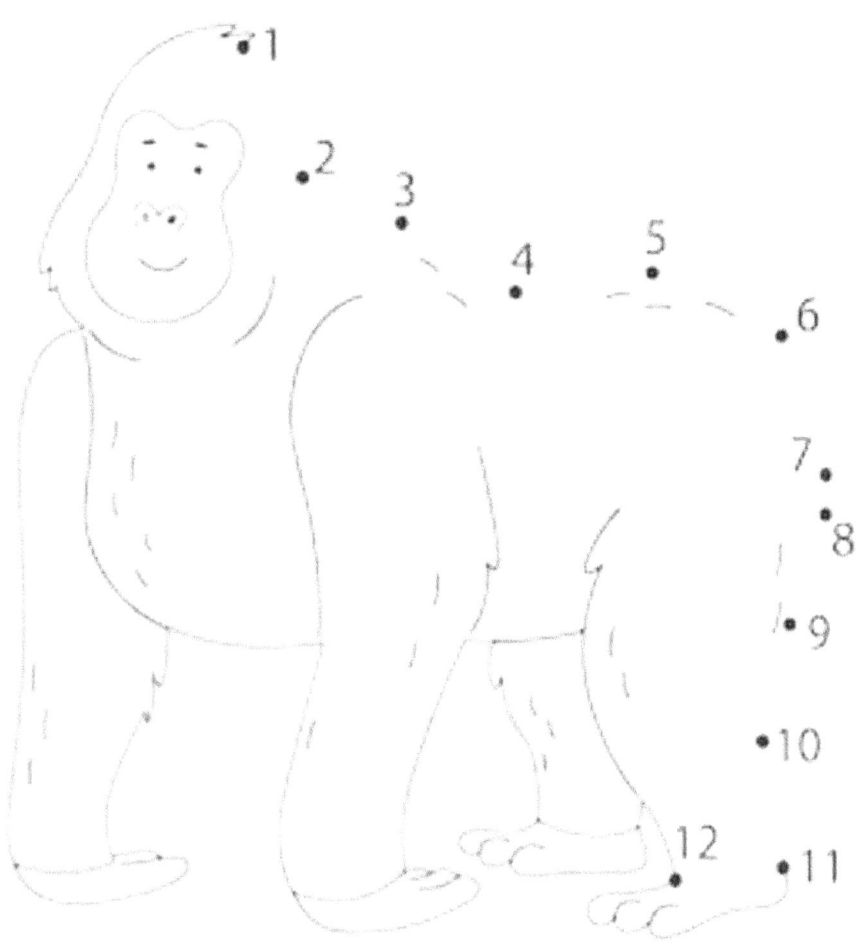

DOT TO DOT

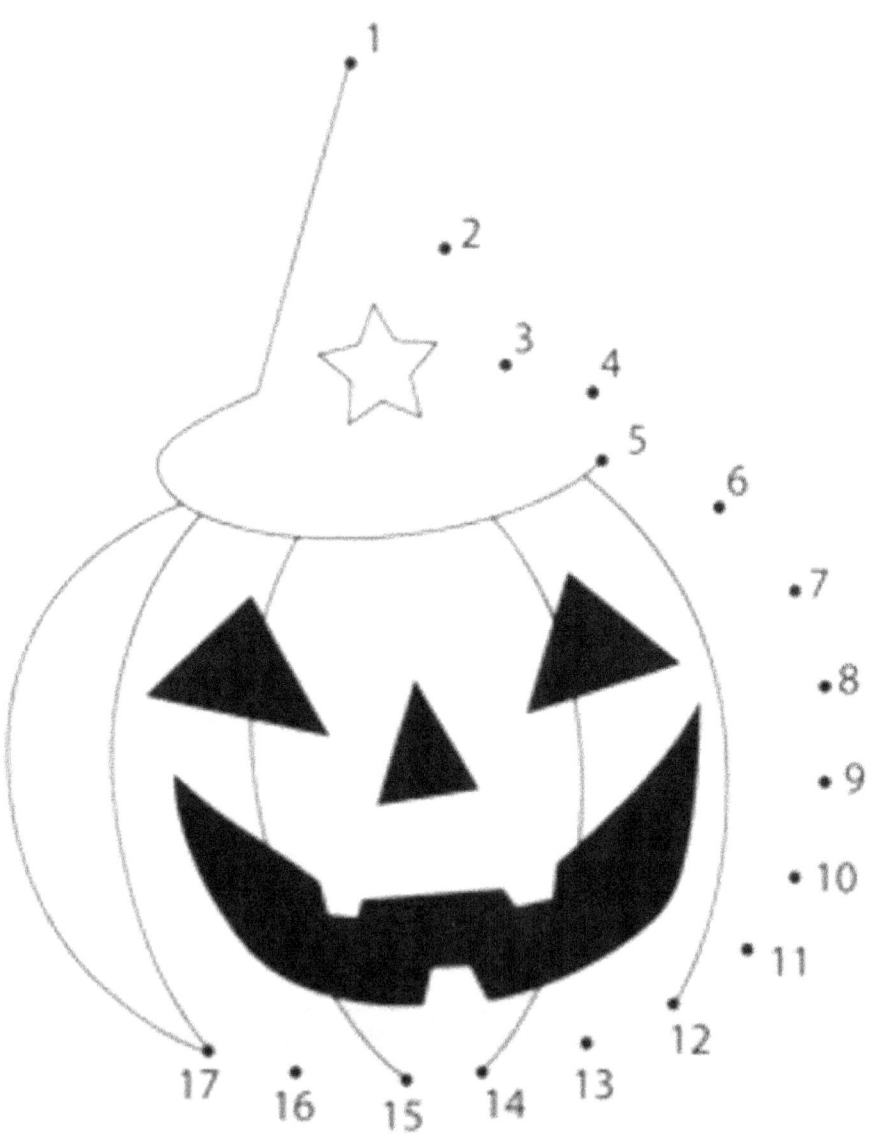

DOT TO DOT

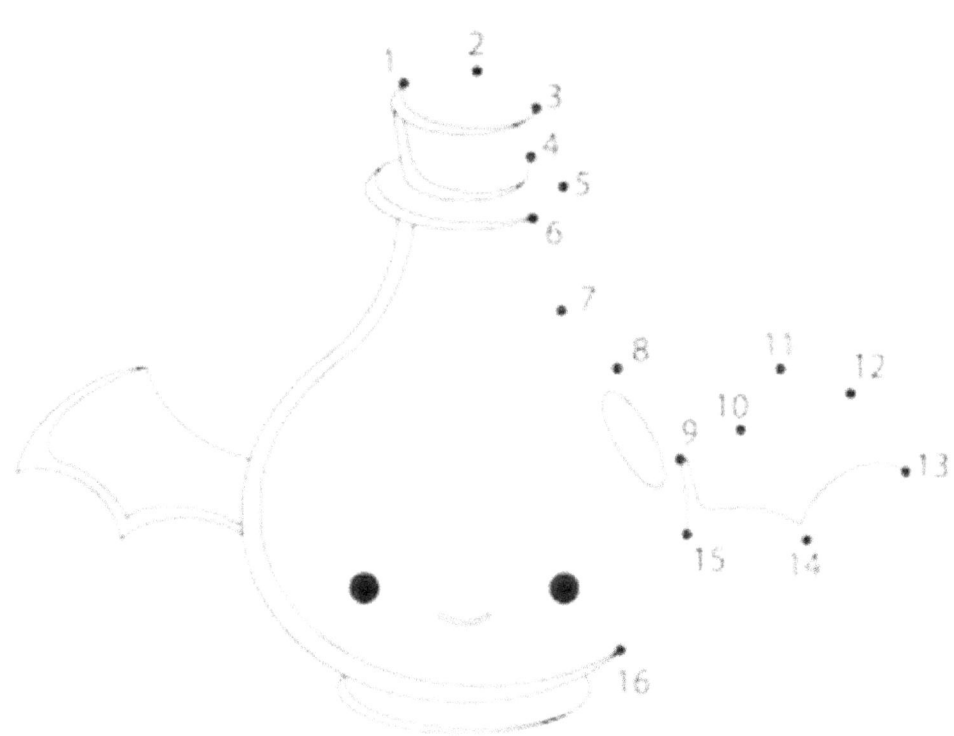

DOT TO DOT

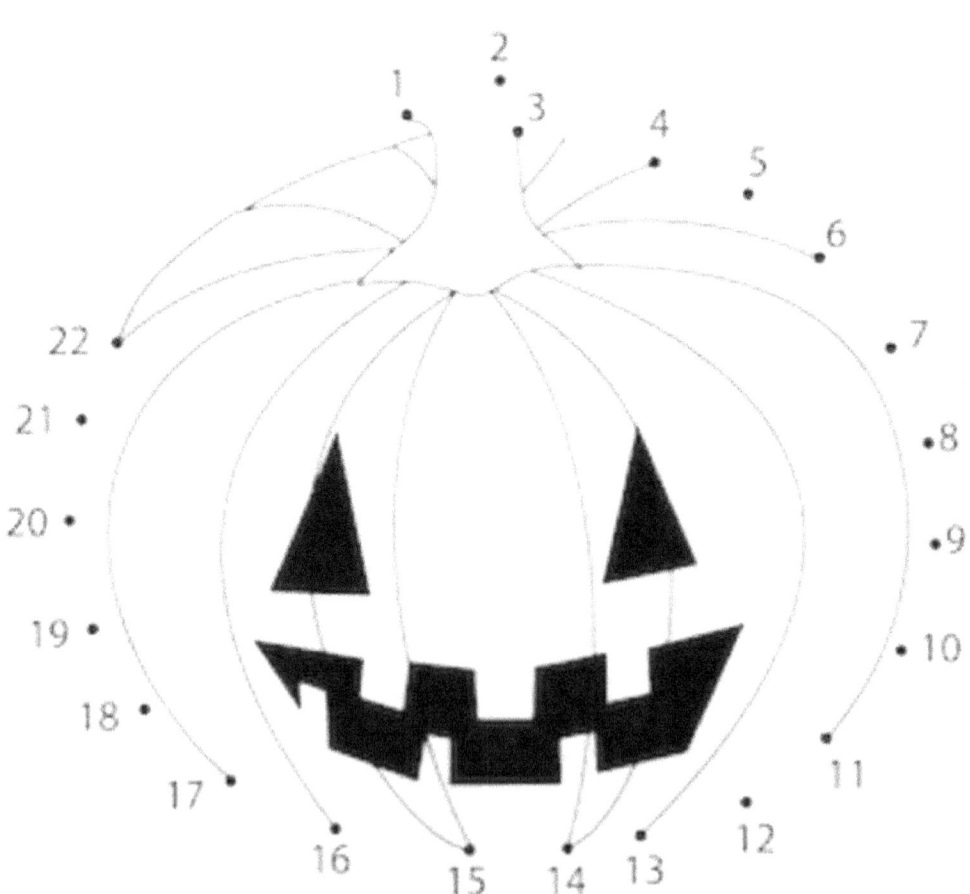

DOT TO DOT

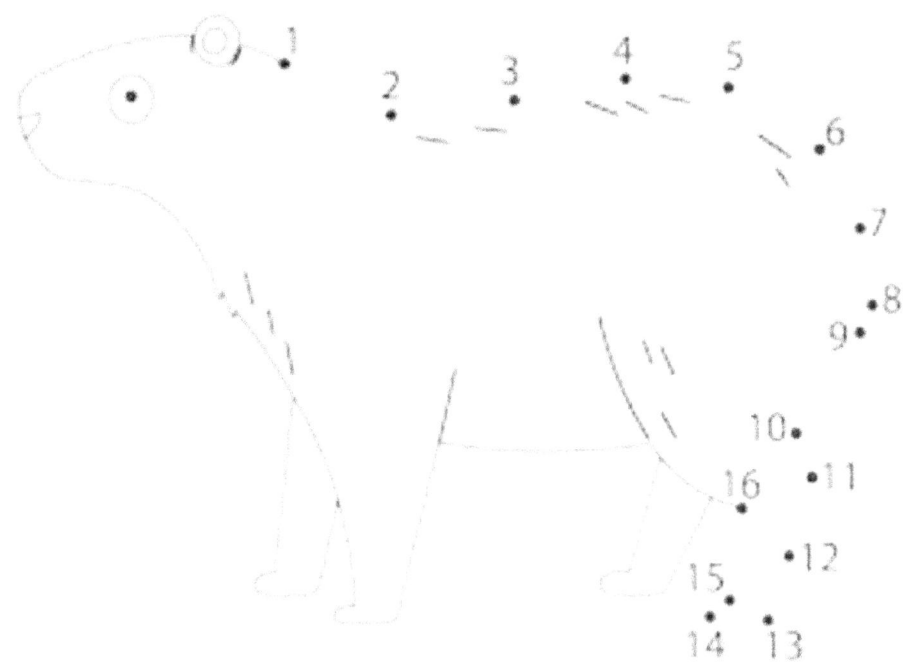

DOT TO DOT

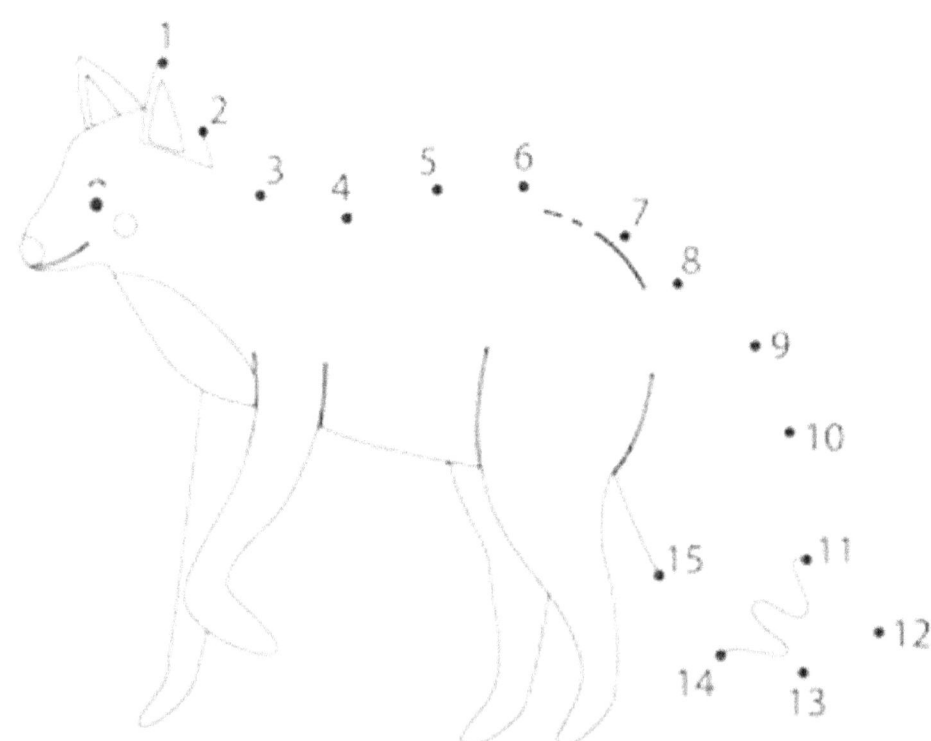

DOT TO DOT

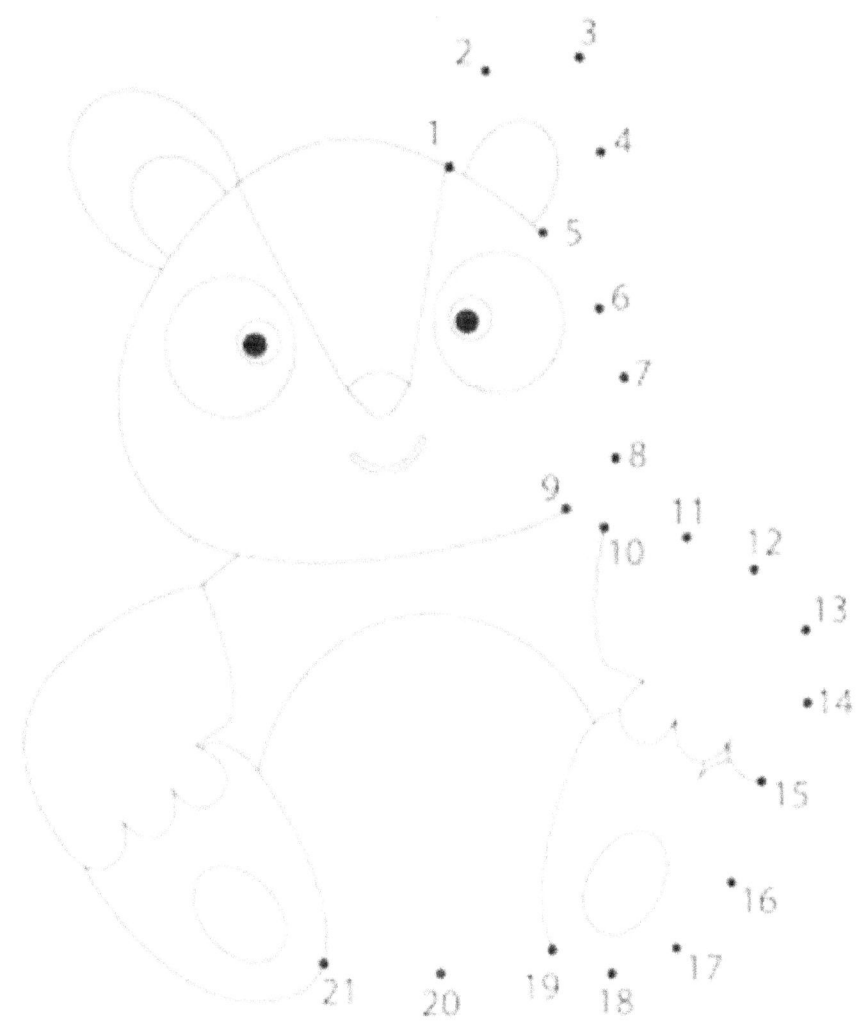

DOT TO DOT

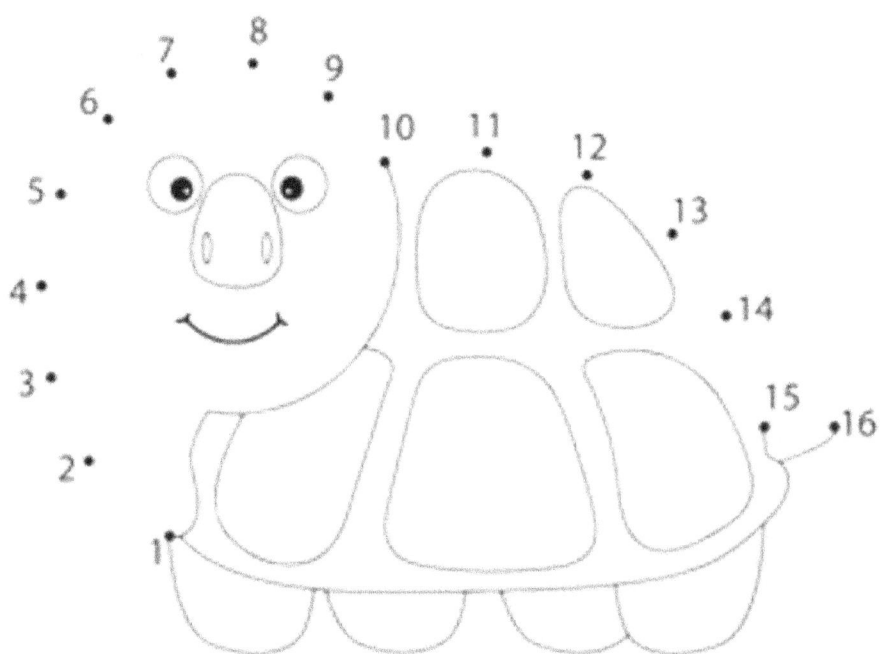

DOT TO DOT

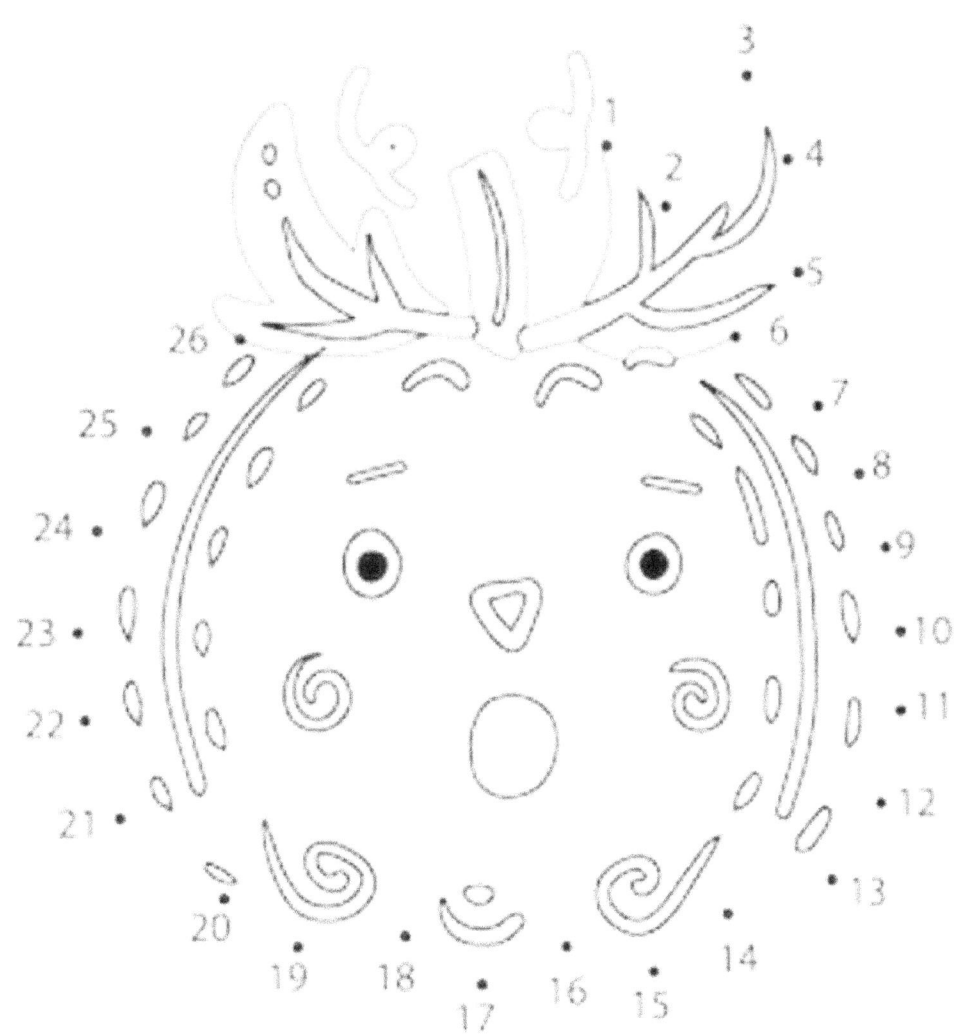

DOT TO DOT

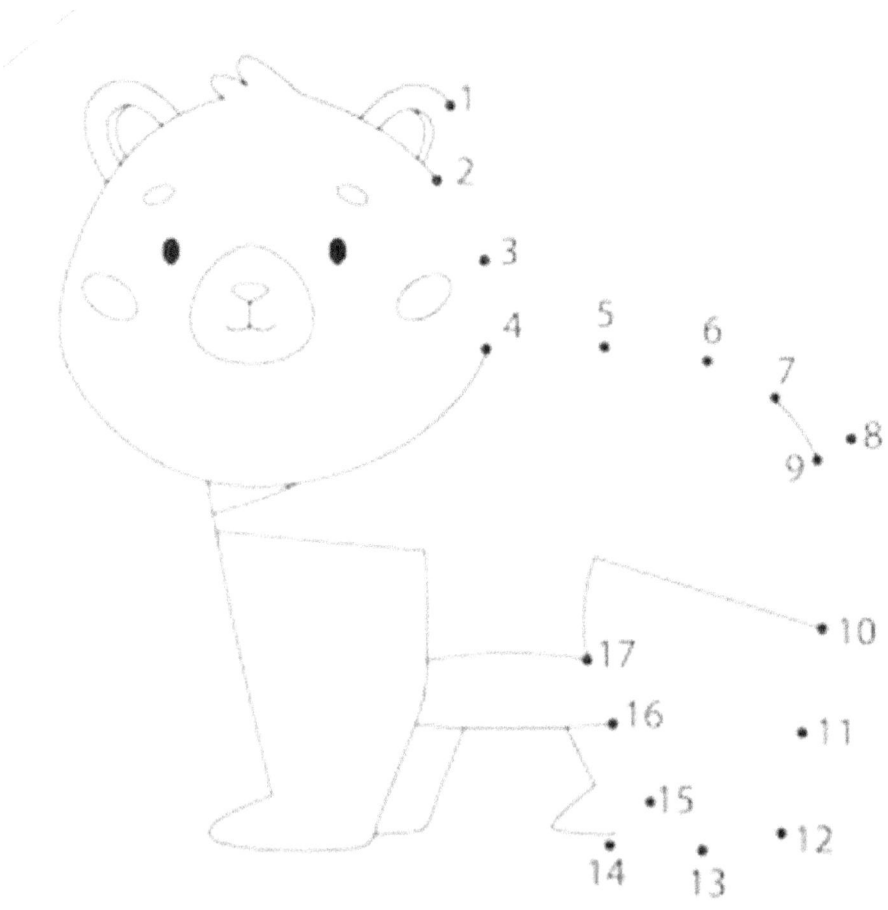

DOT TO DOT

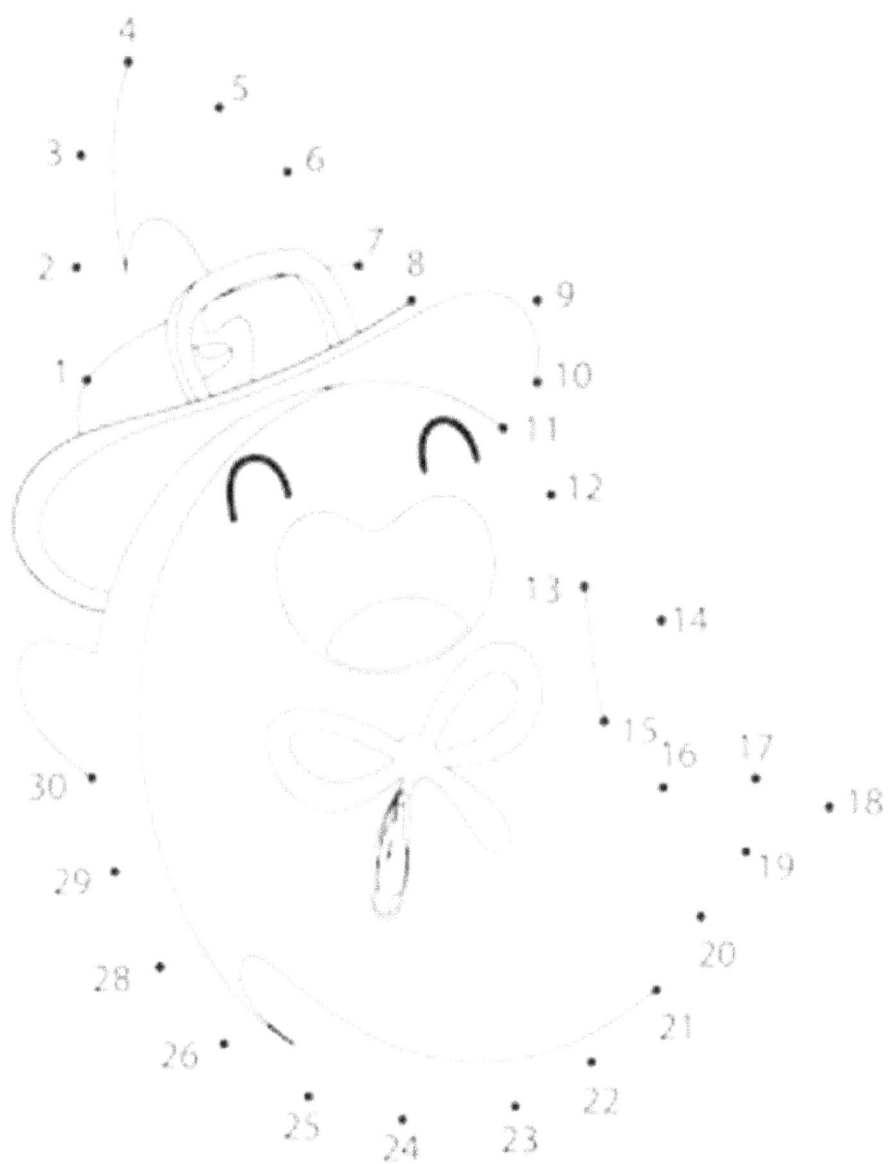

DOT TO DOT

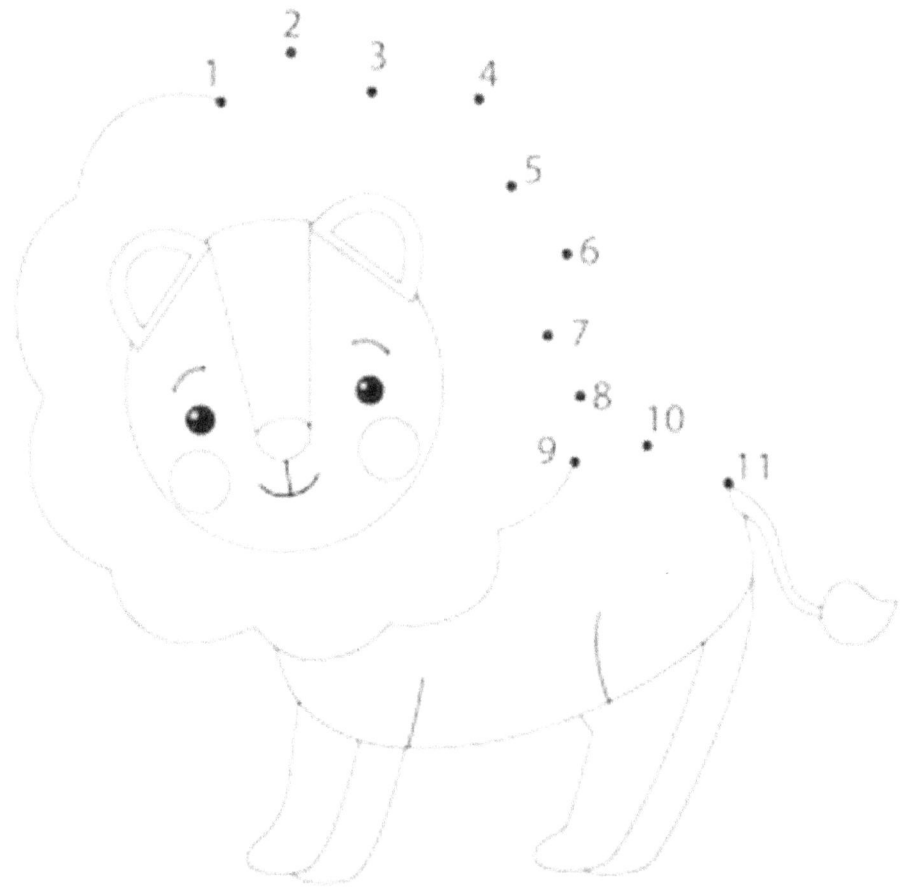

DOT TO DOT

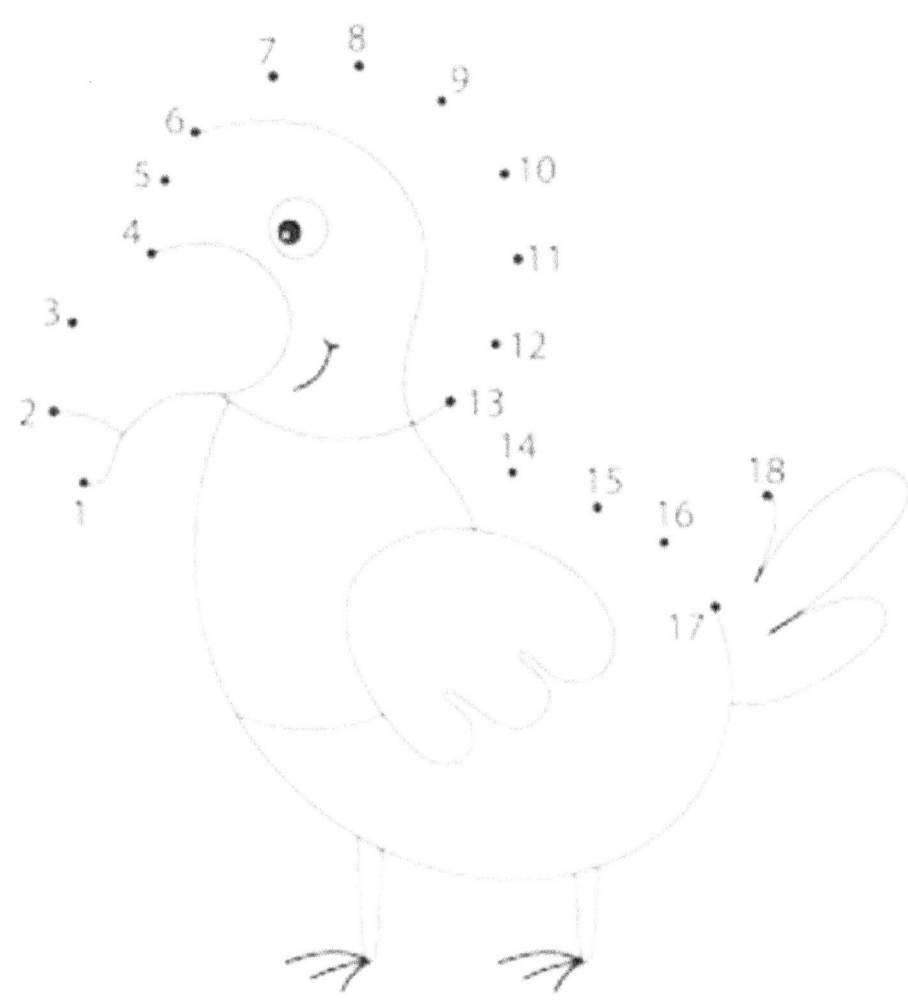

DOT TO DOT

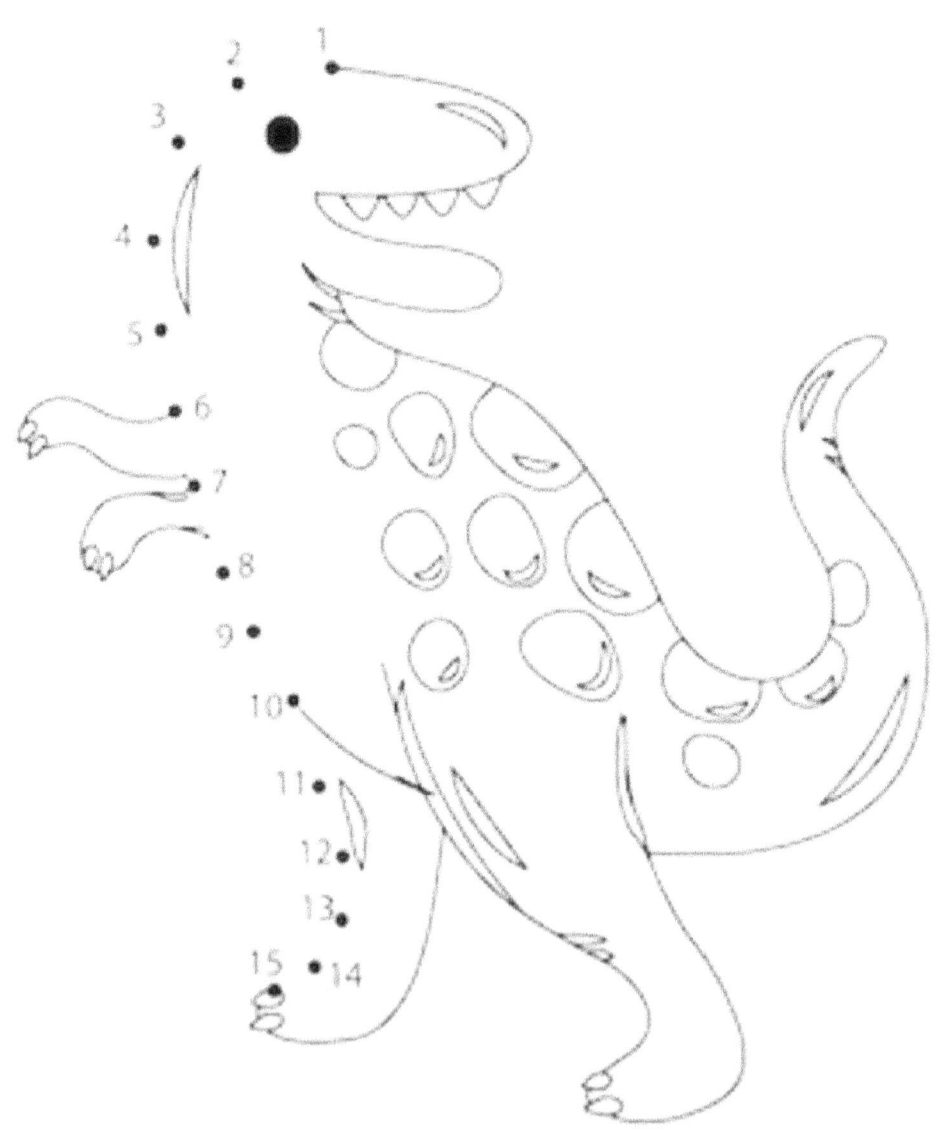

DOT TO DOT

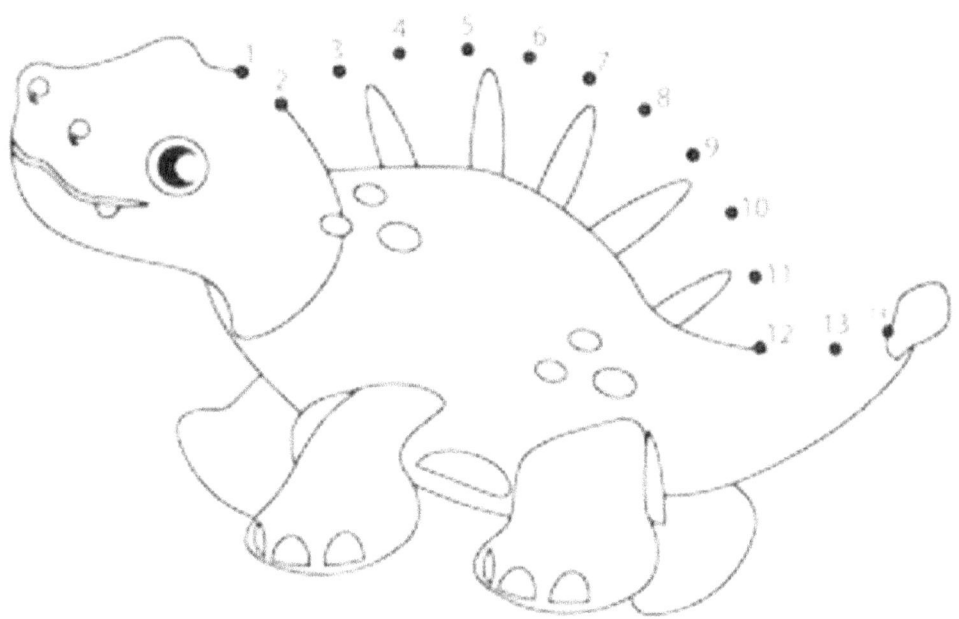

DOT TO DOT

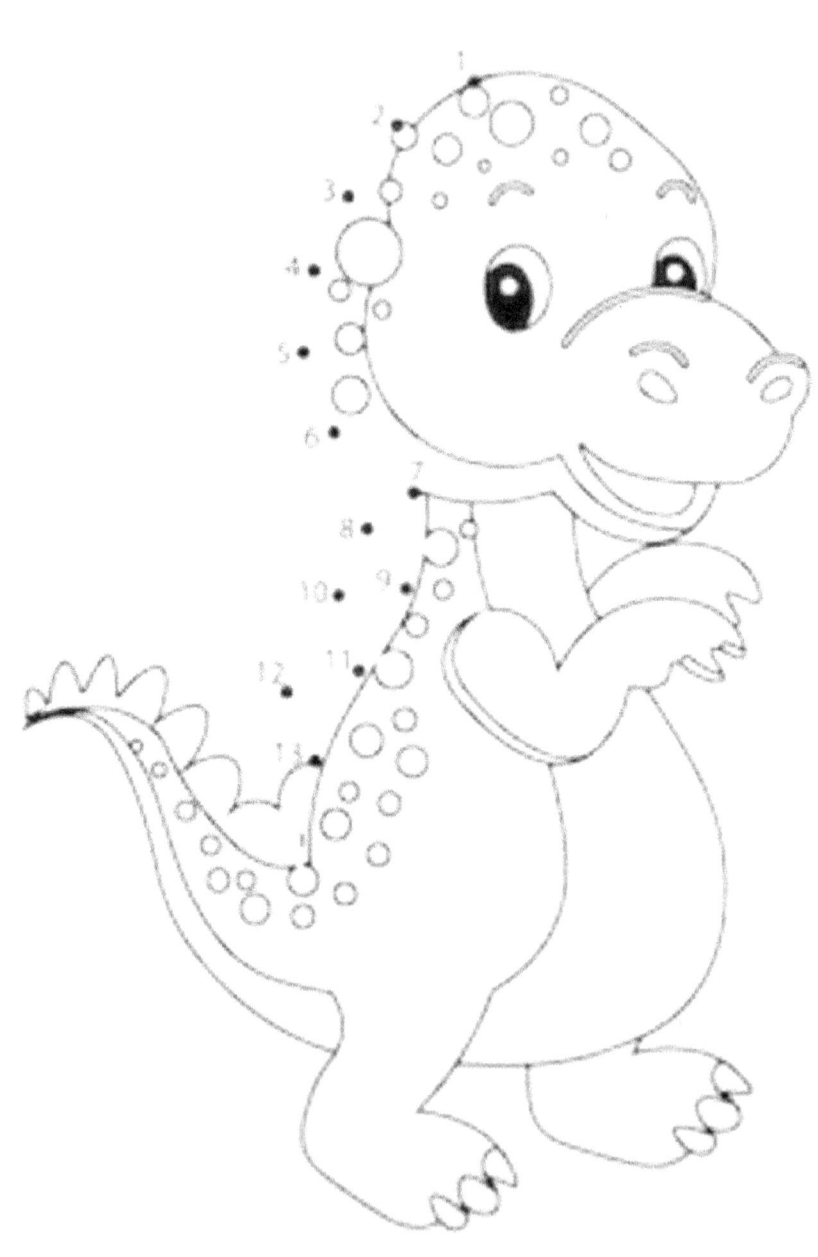

DOT TO DOT

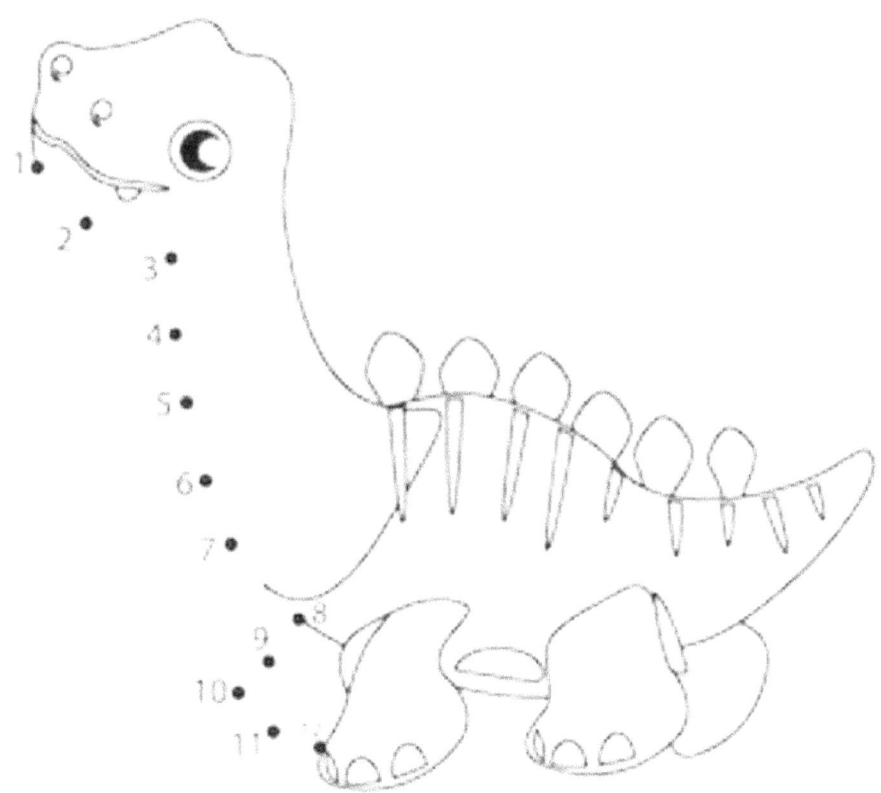

DOT TO DOT

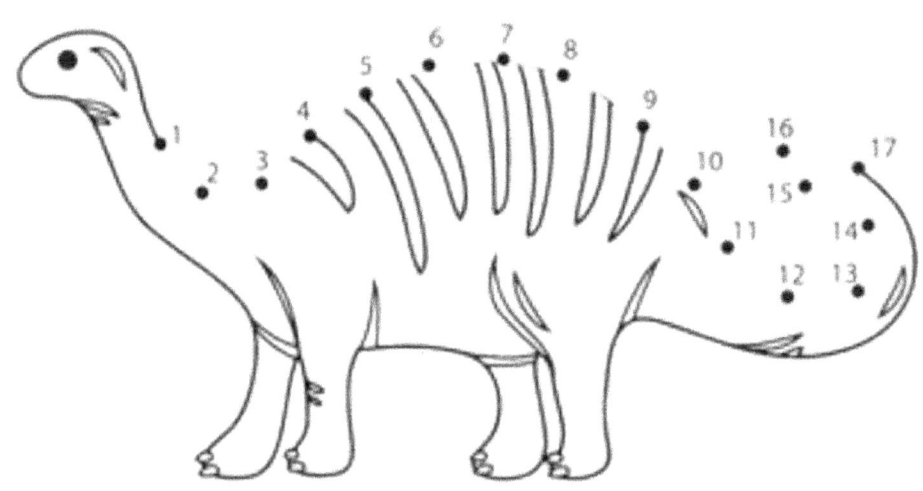

DOT TO DOT

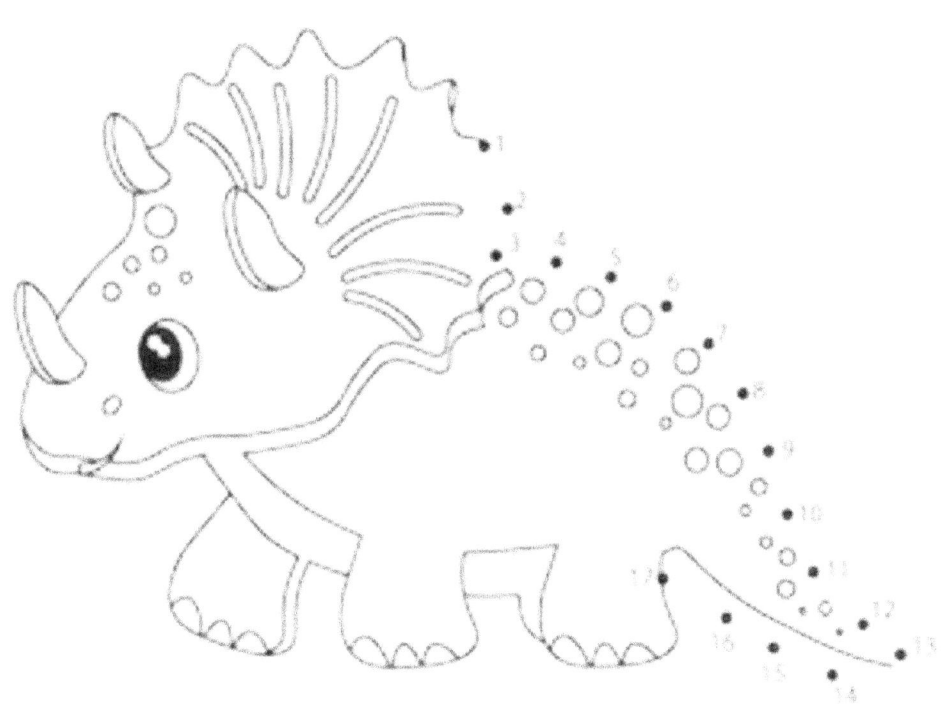

DOT TO DOT

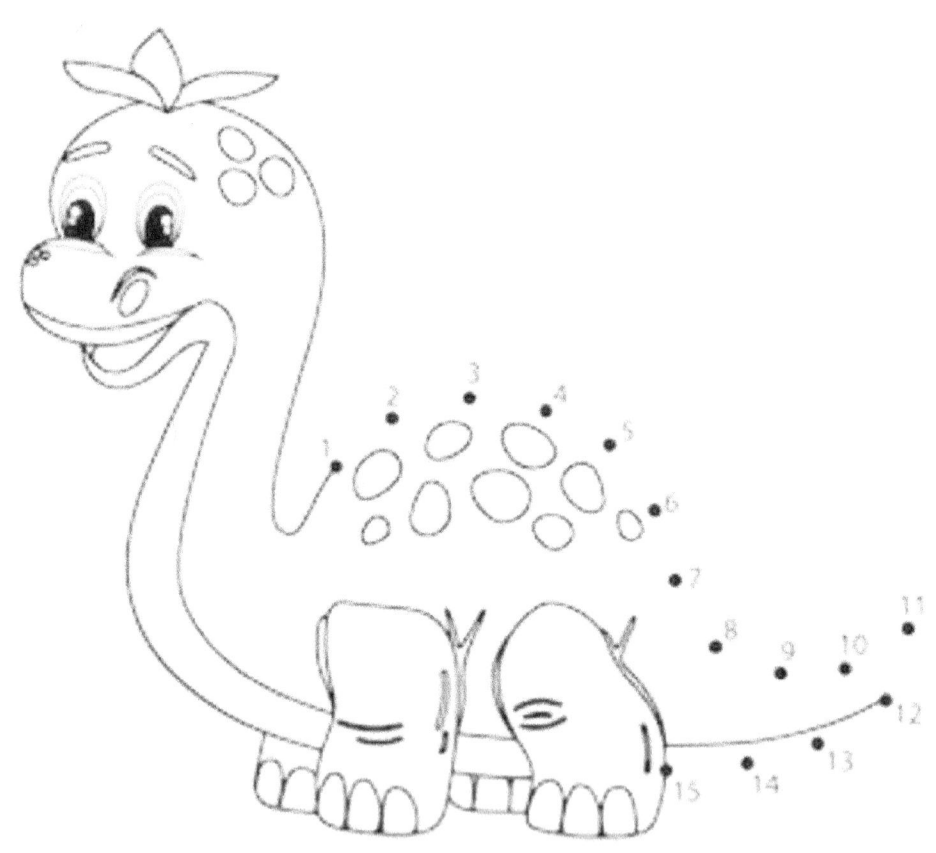

DOT TO DOT

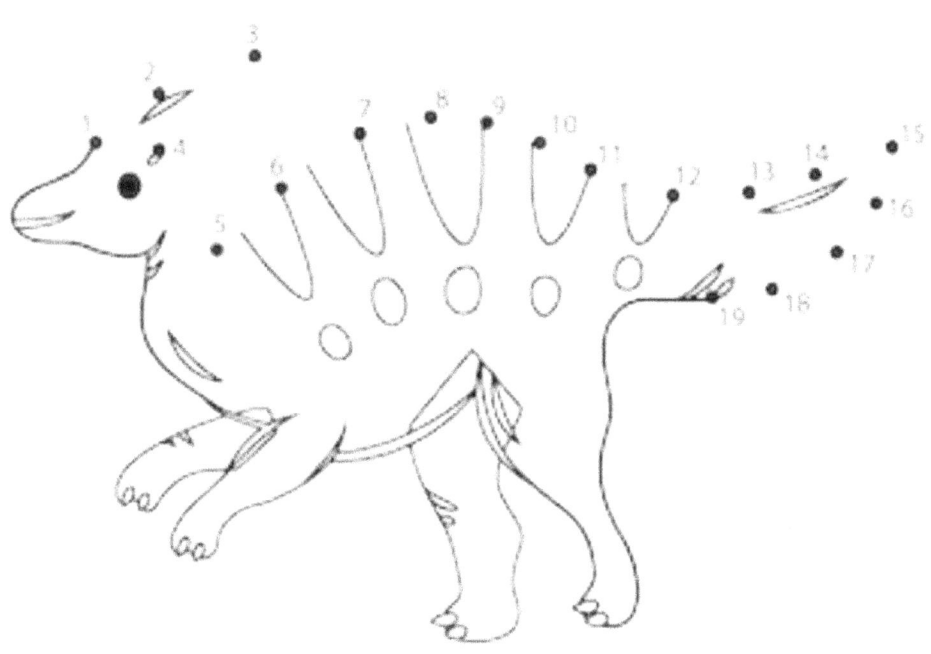

DOT TO DOT

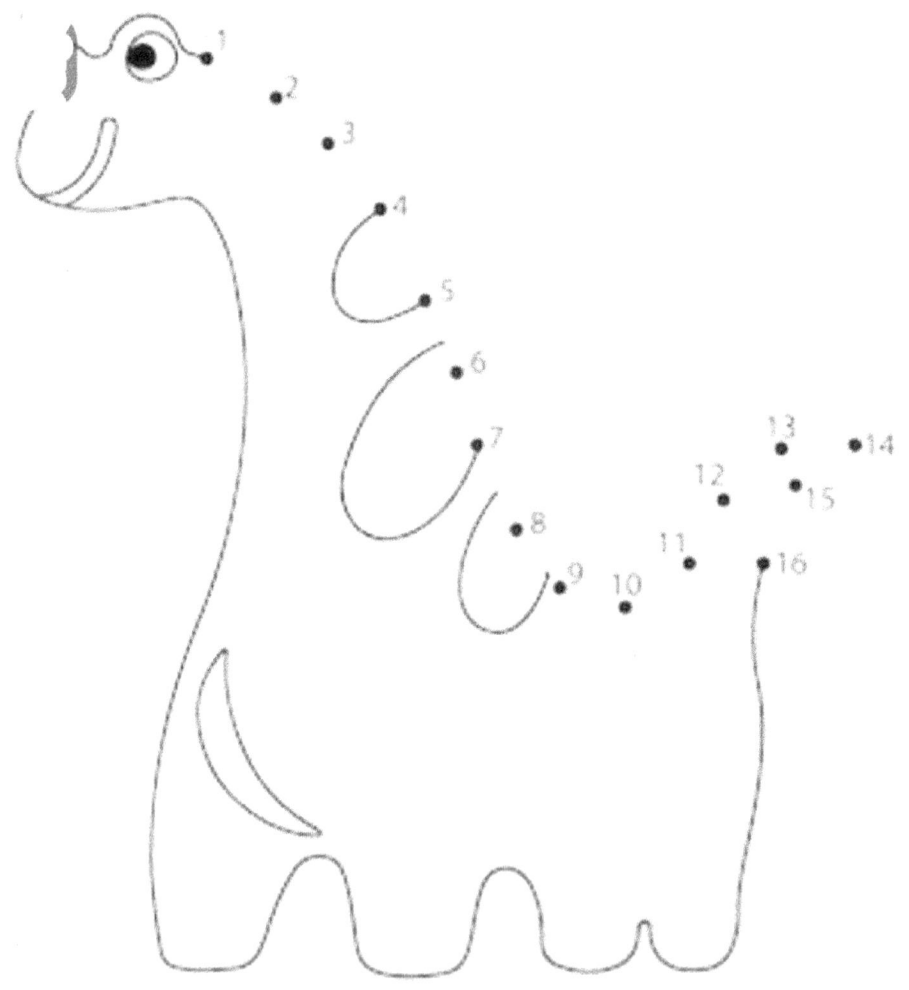

DOT TO DOT

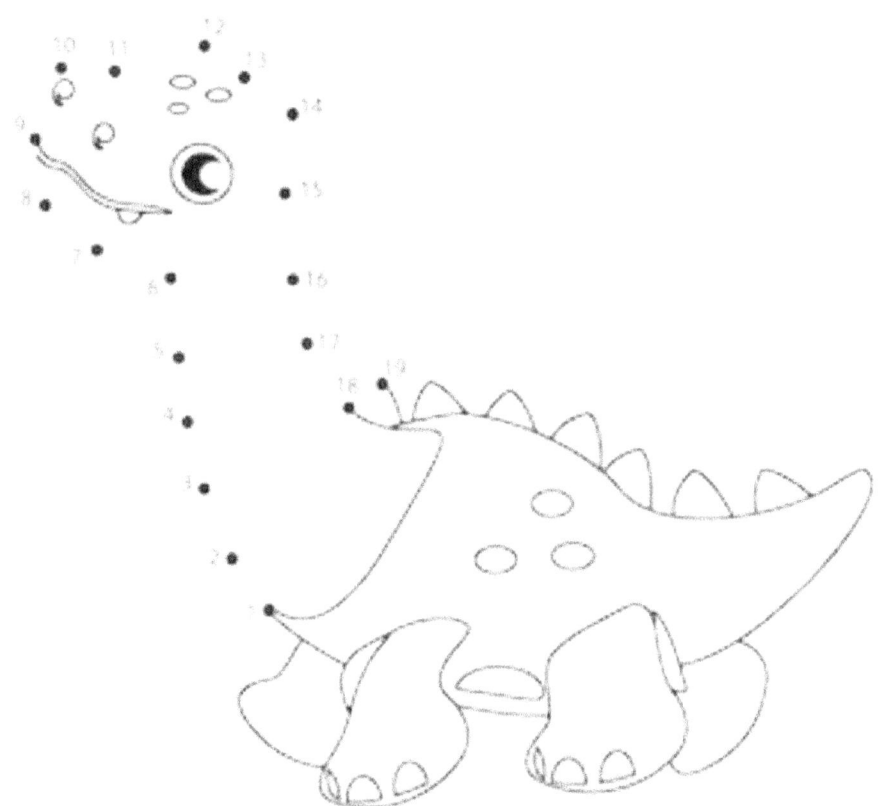

DOT TO DOT

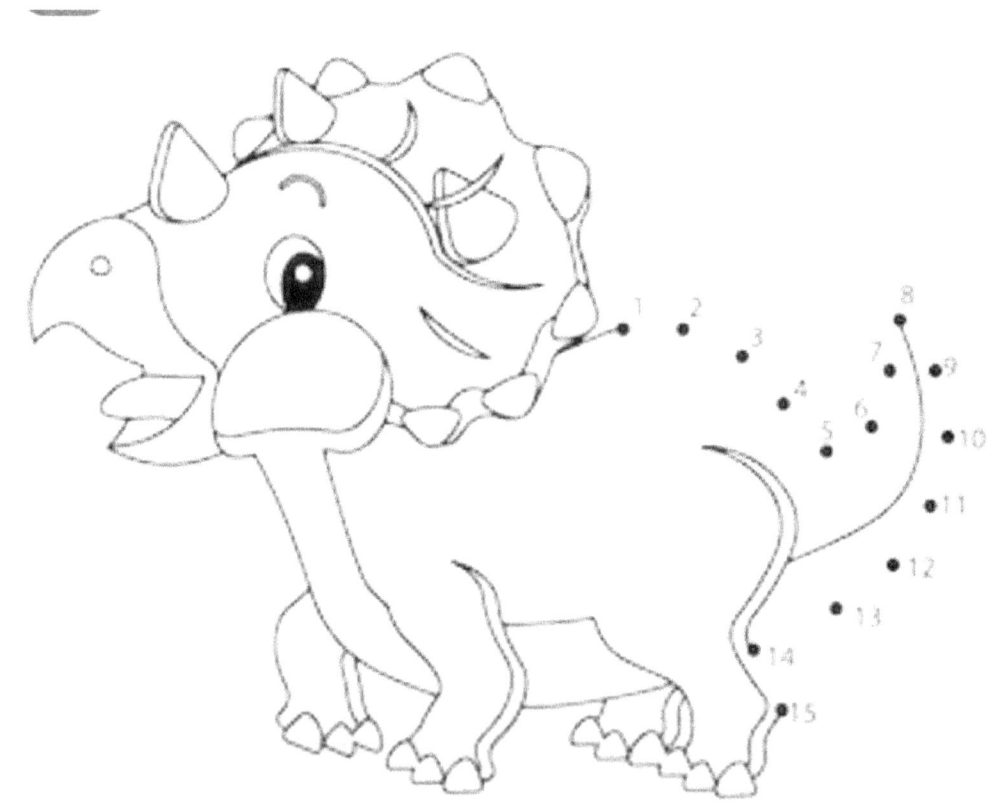

DOT TO DOT

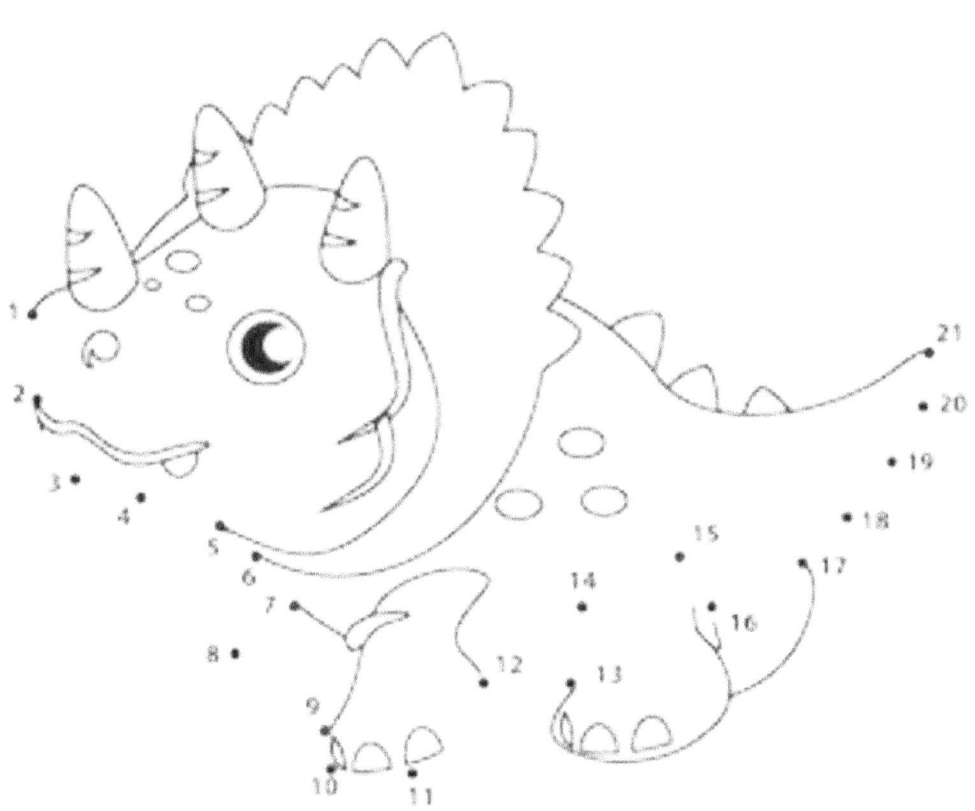

DOT TO DOT

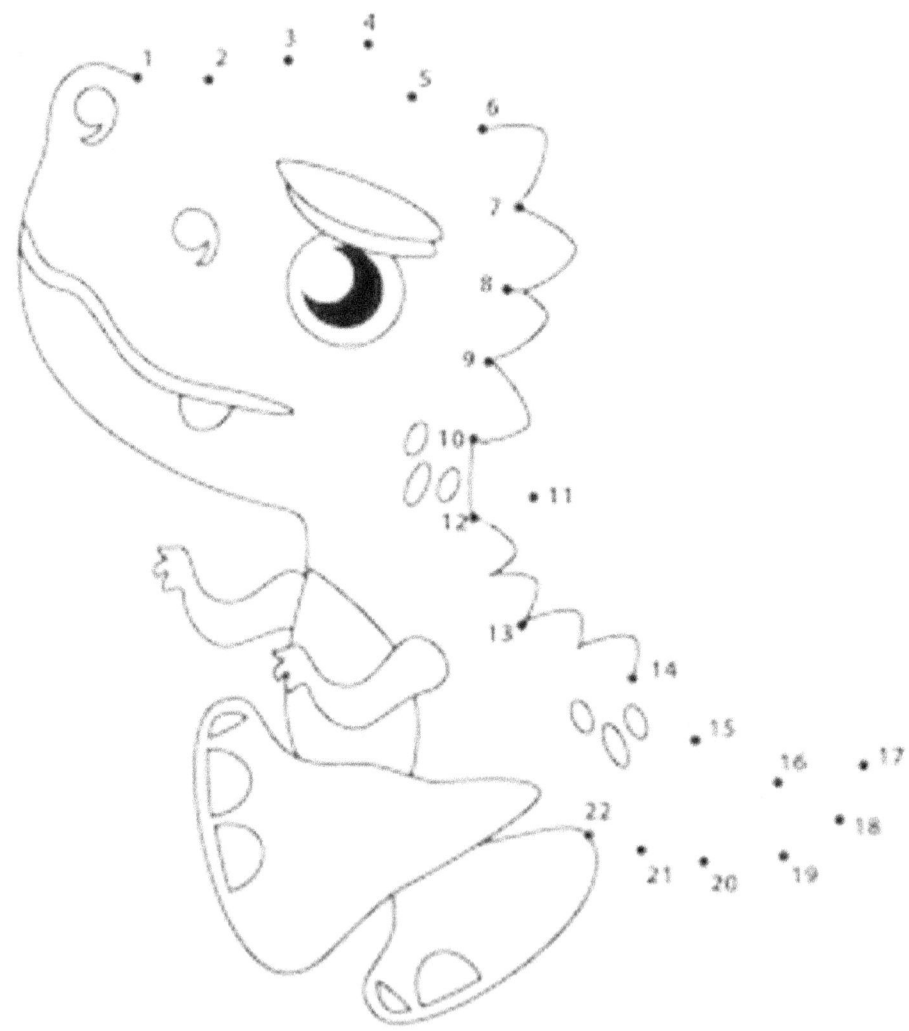

DOT TO DOT

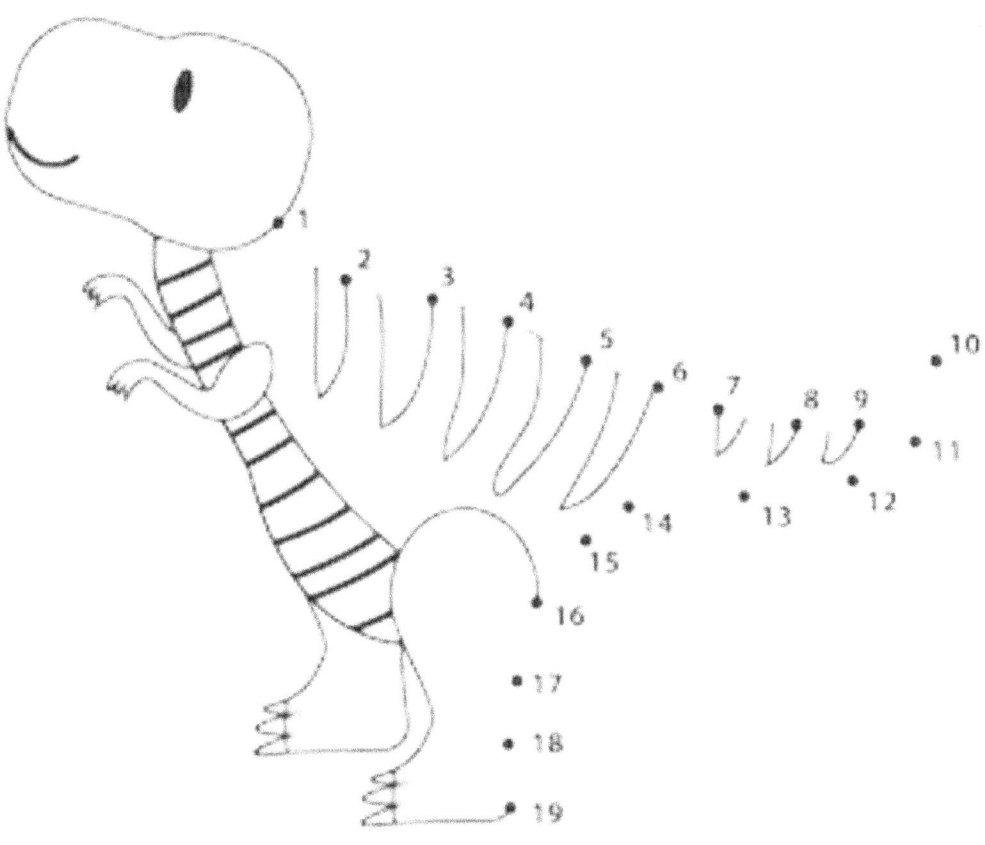

DOT TO DOT

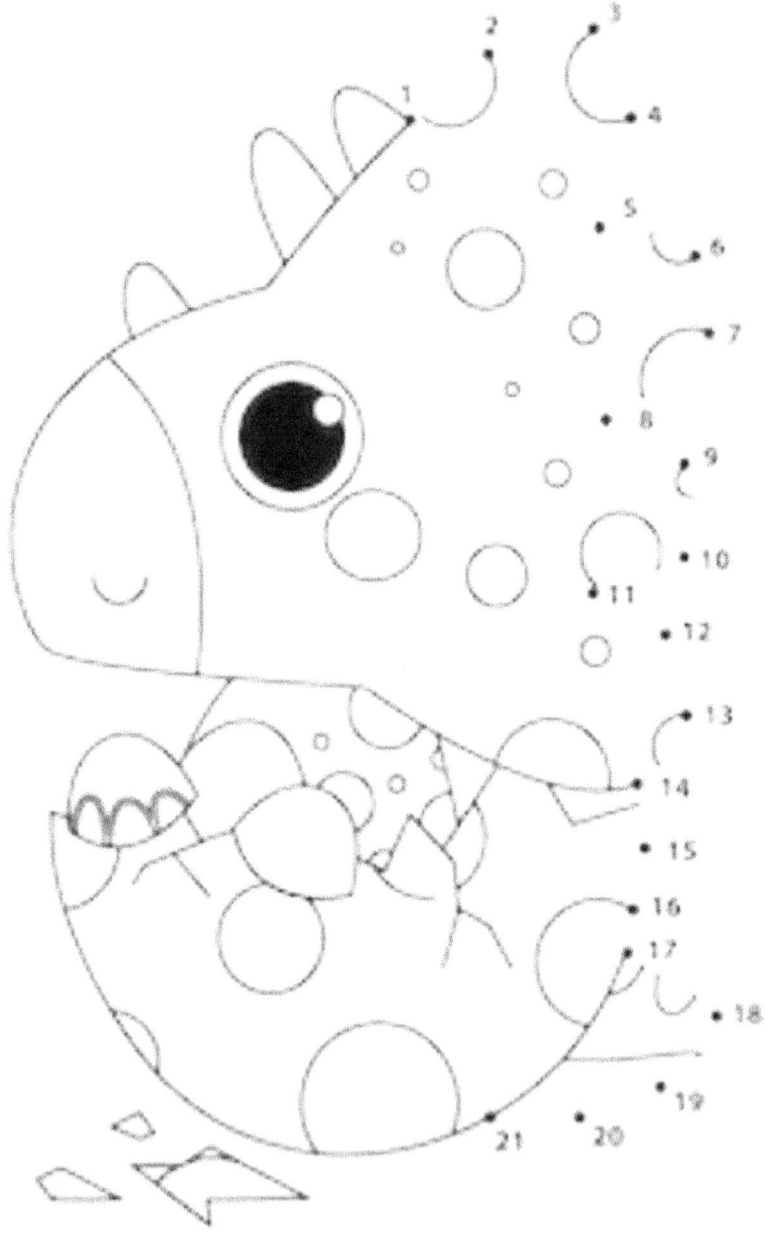

DOT TO DOT

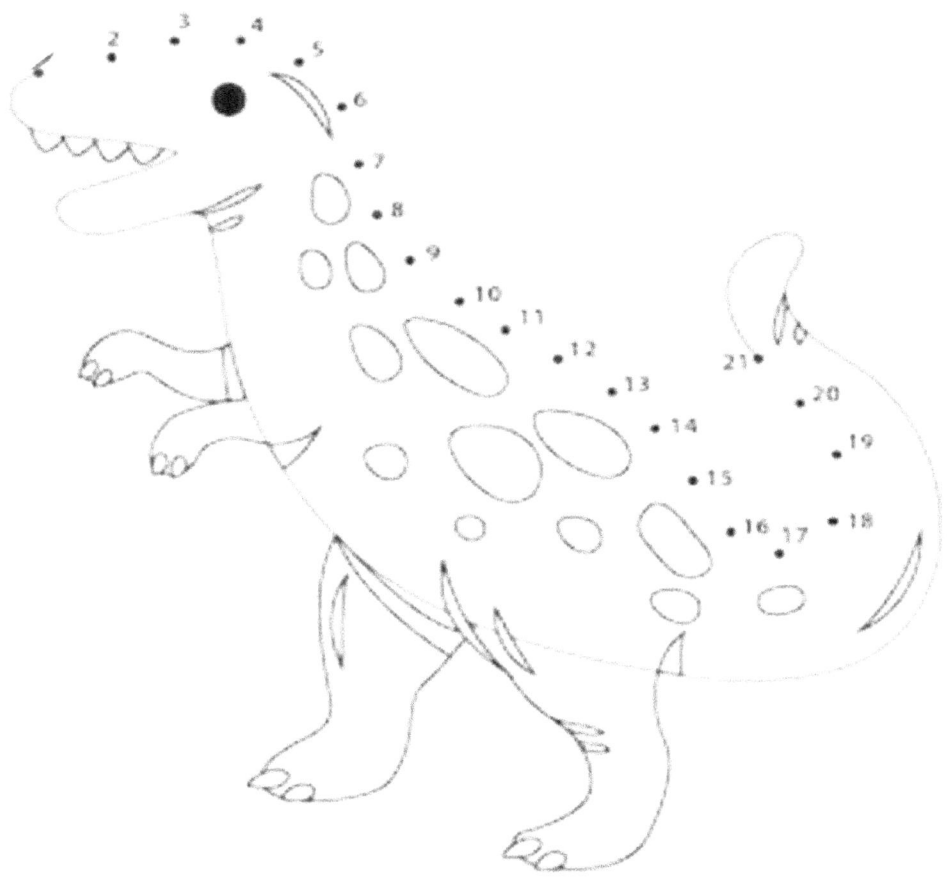

DOT TO DOT

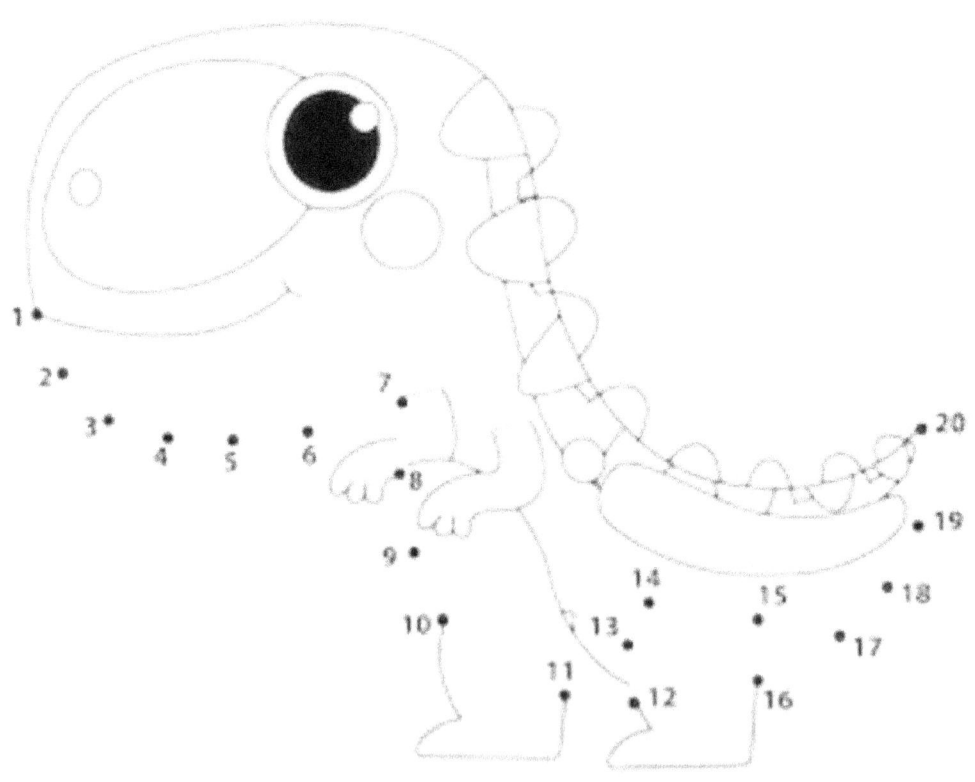

DOT TO DOT

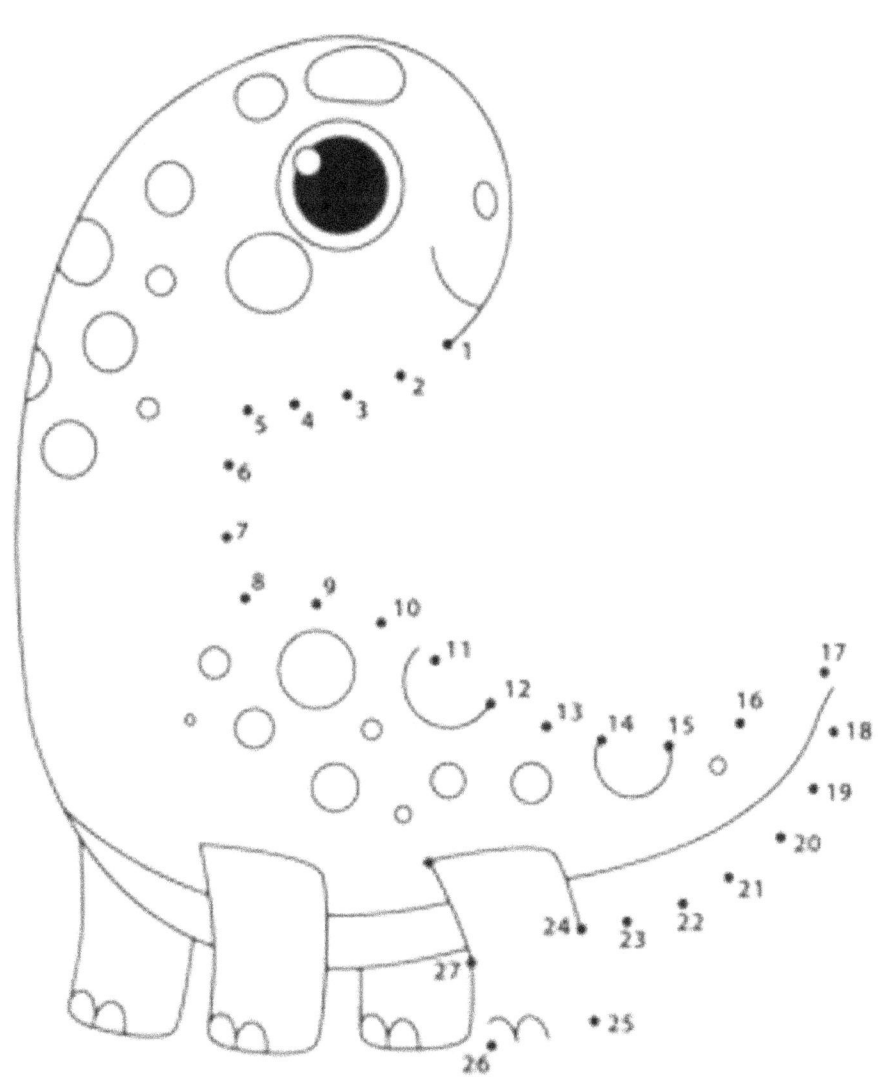

DOT TO DOT

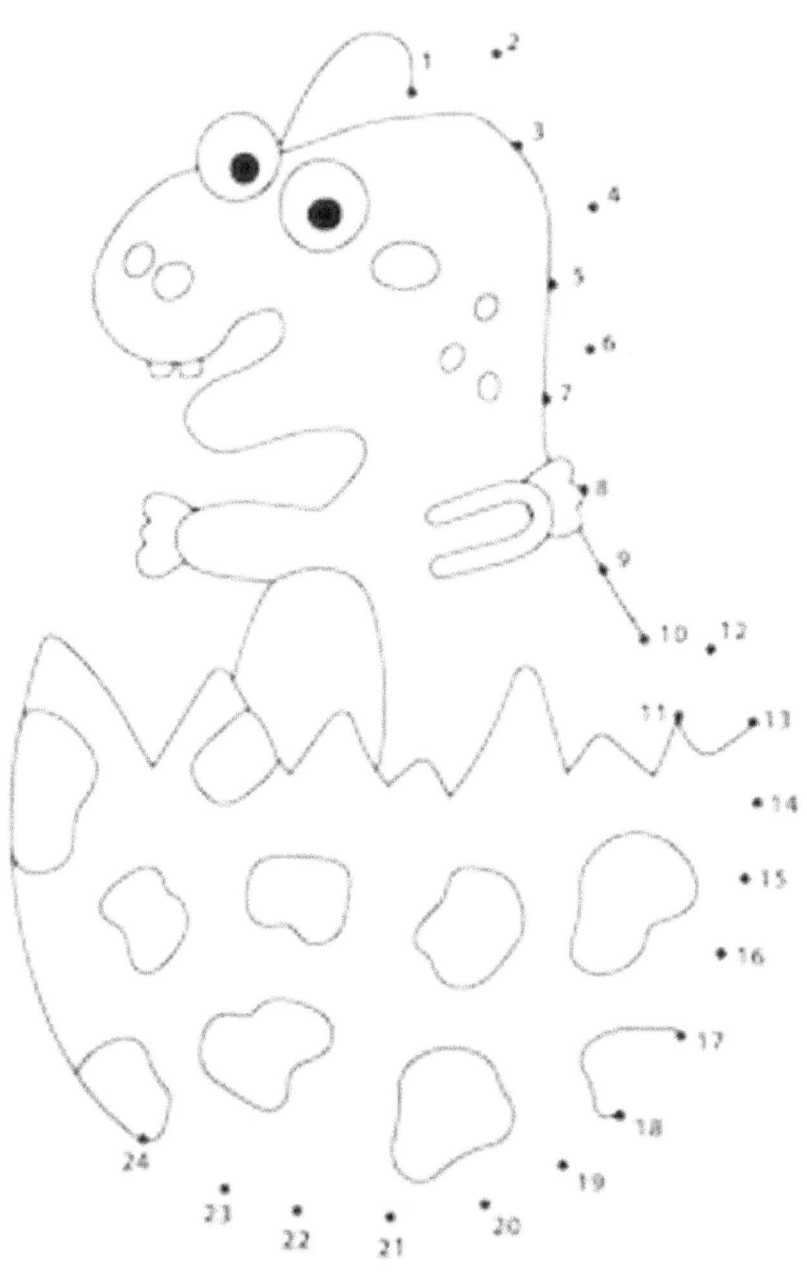

DOT TO DOT

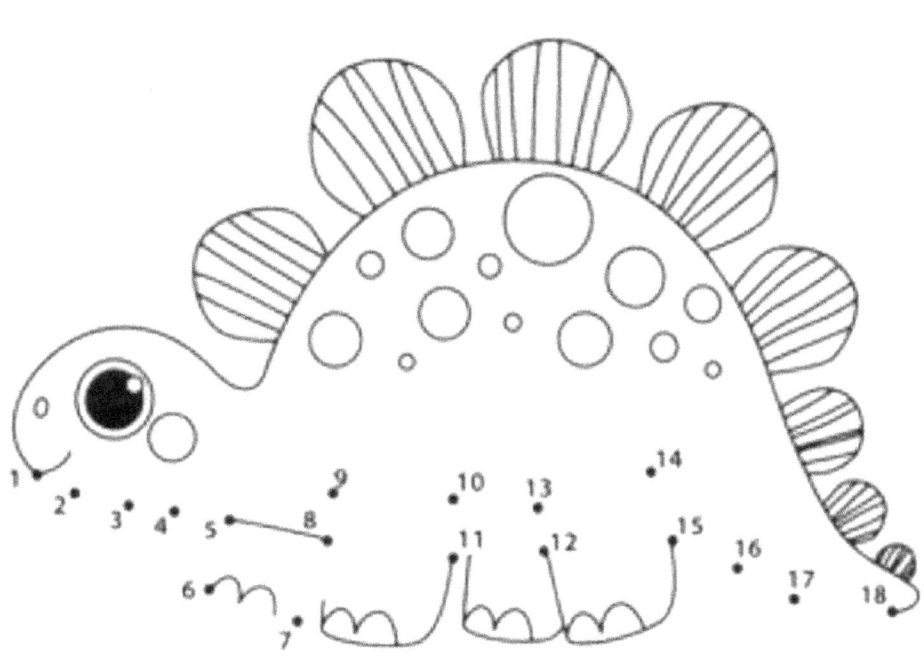

DOT TO DOT

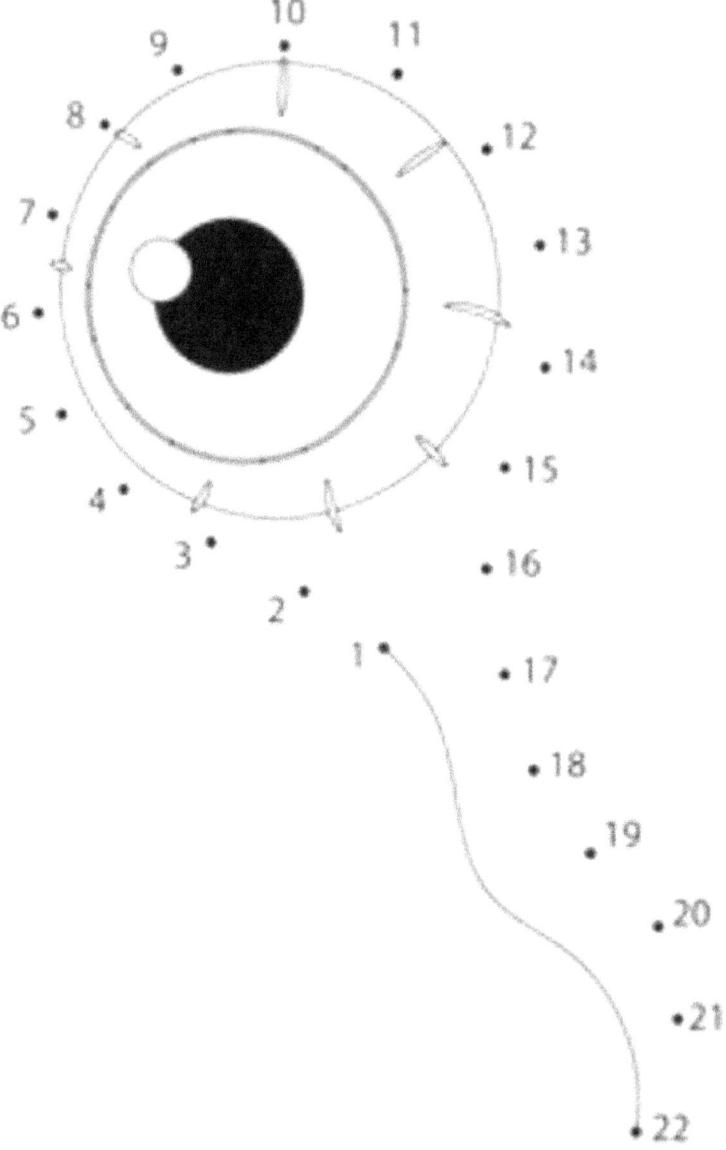

DOT TO DOT

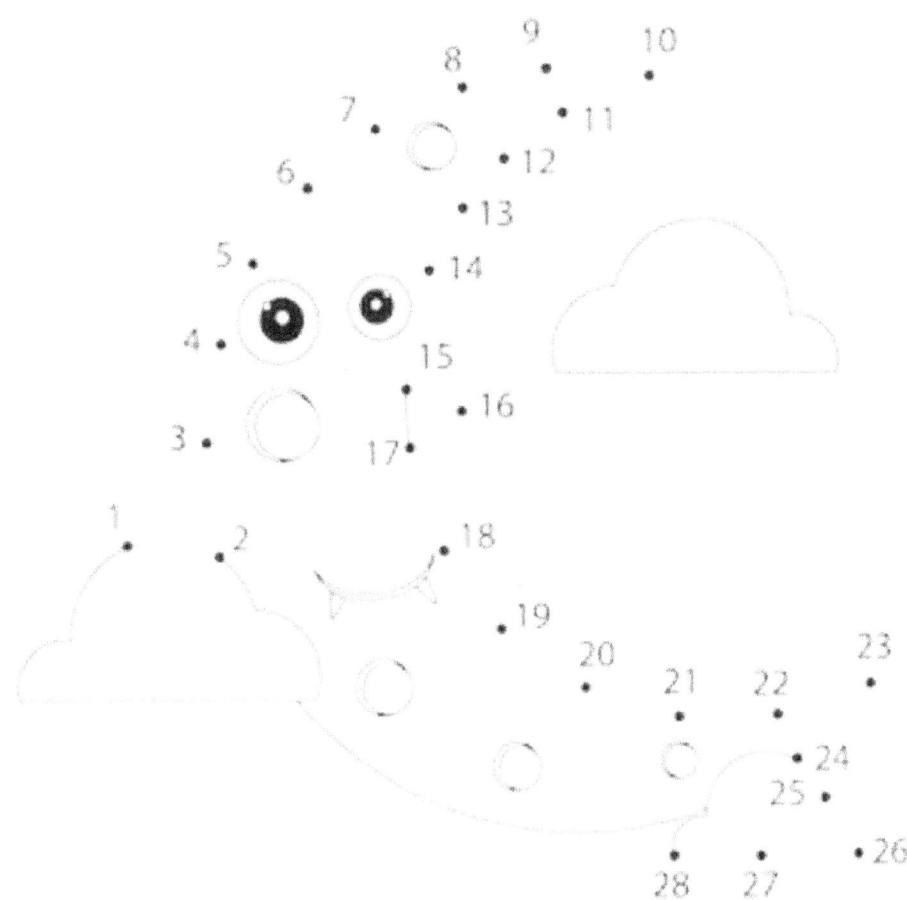

DOT TO DOT

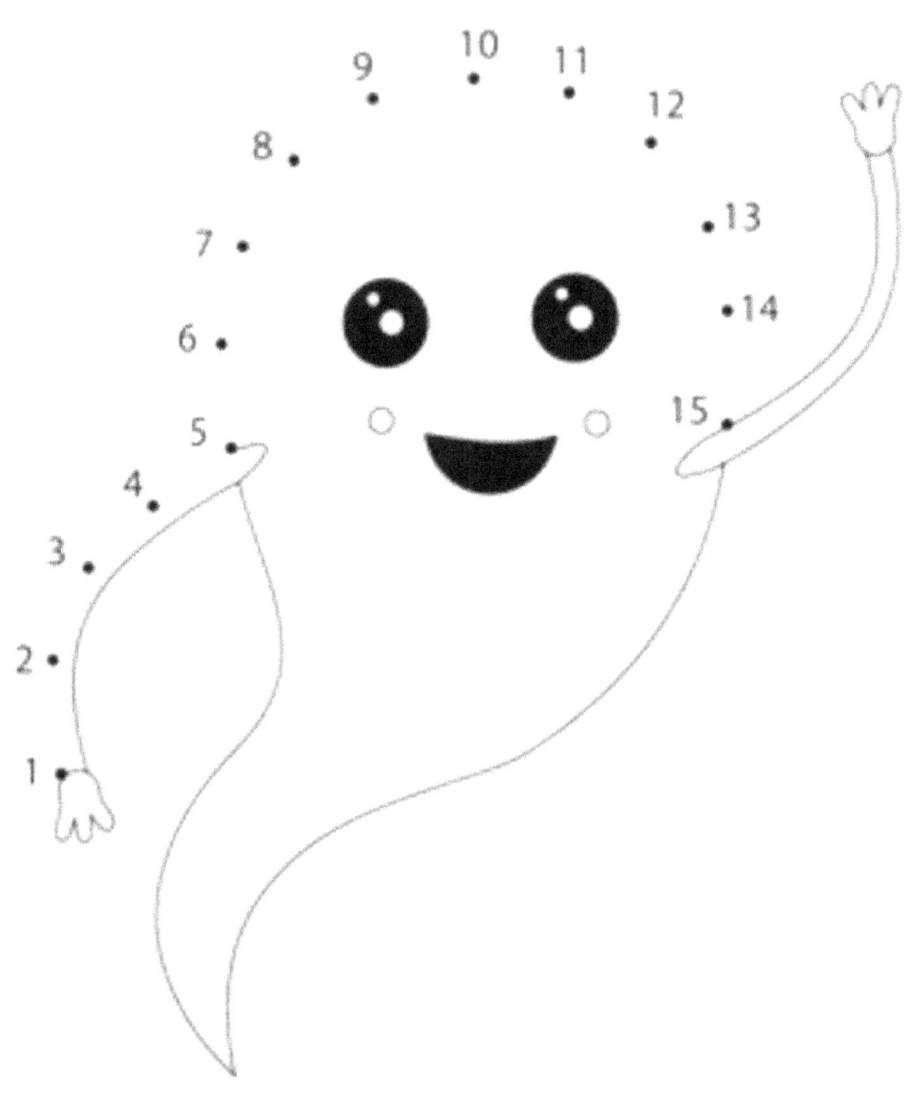

DOT TO DOT

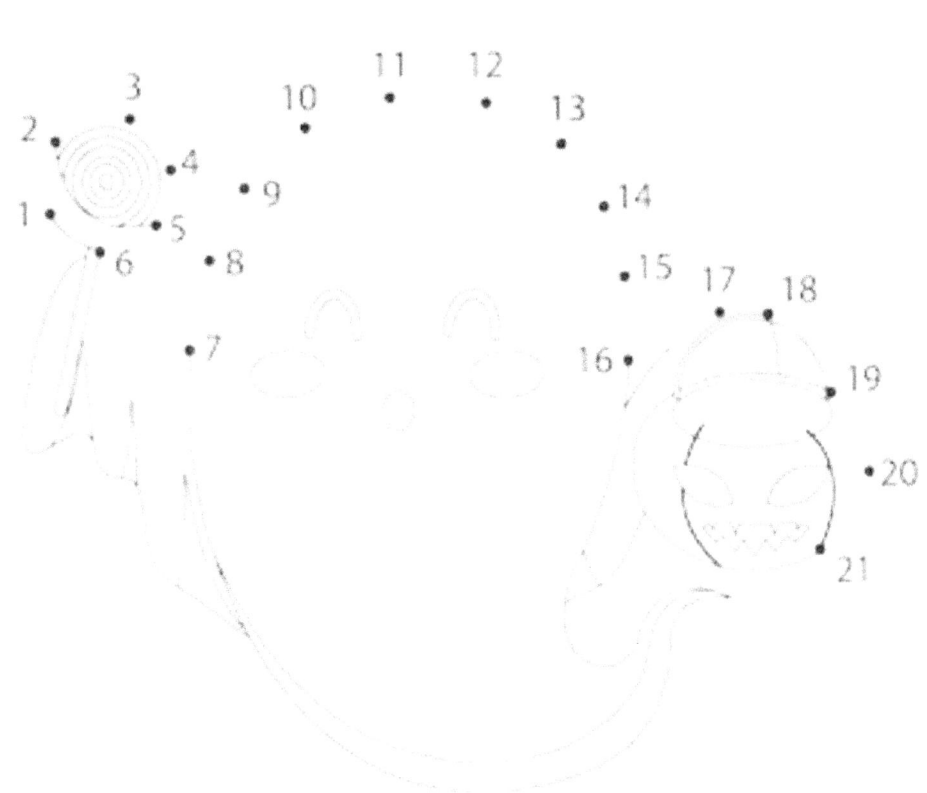

DOT TO DOT

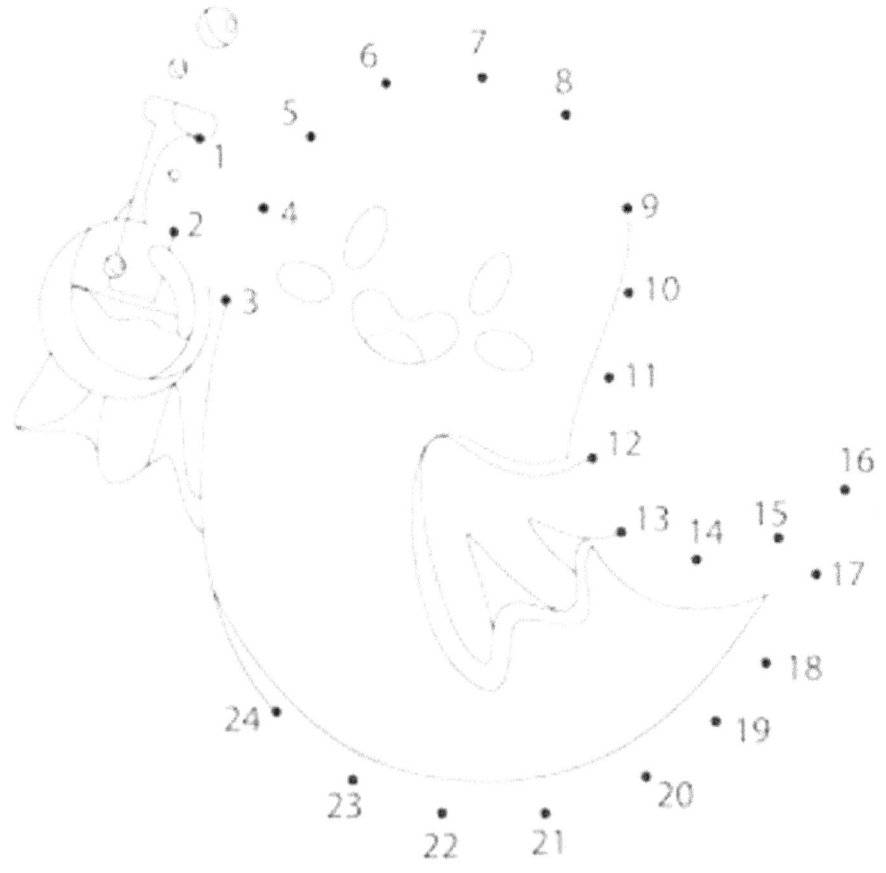

DOT TO DOT

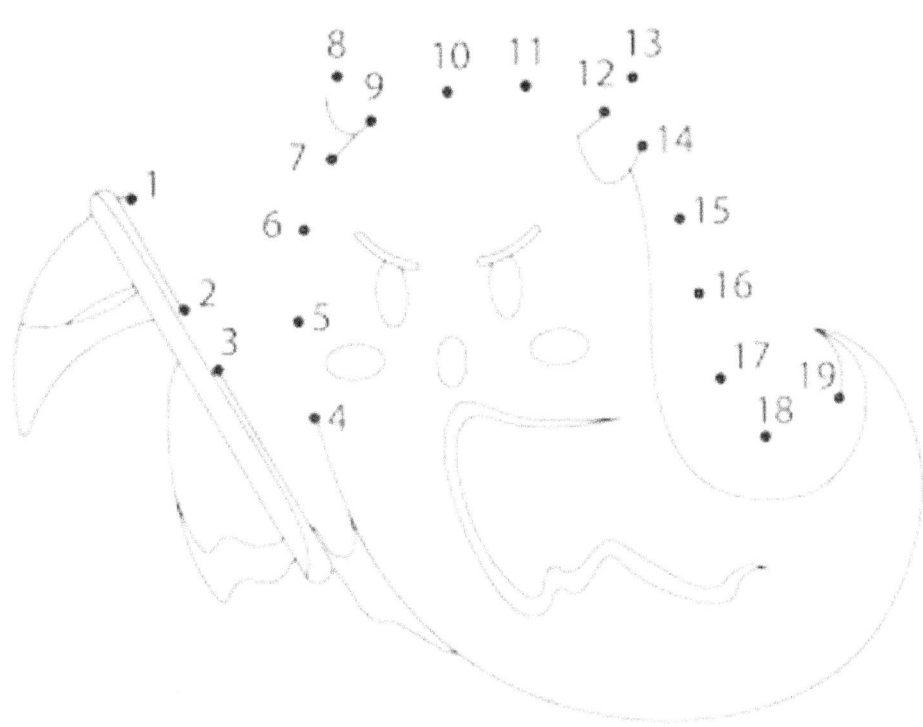

DOT TO DOT

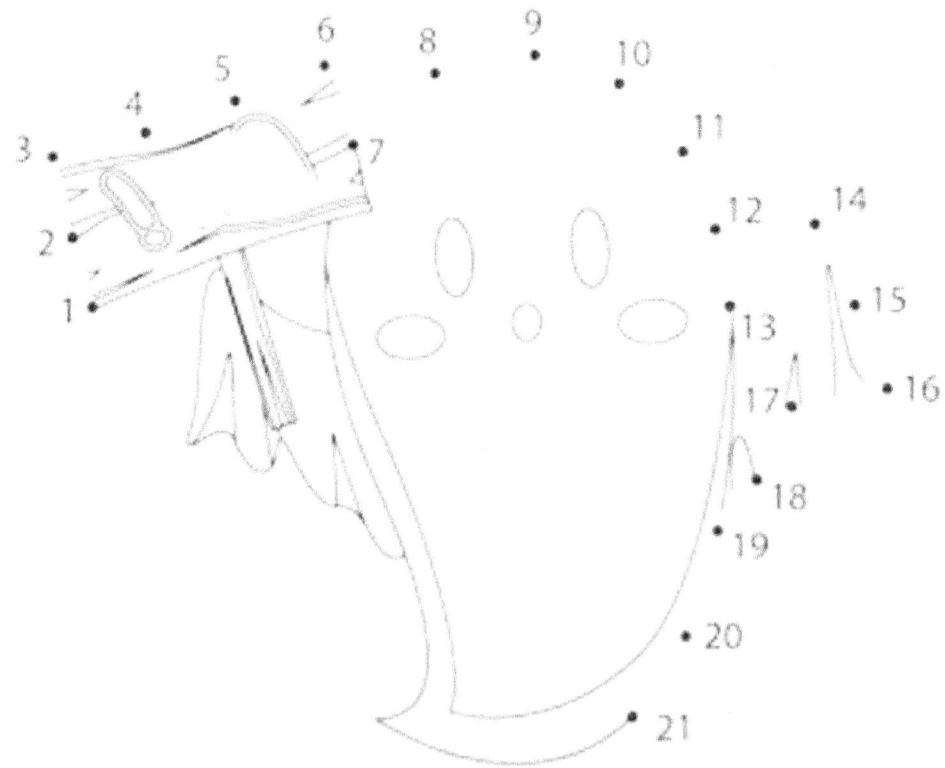

DOT TO DOT

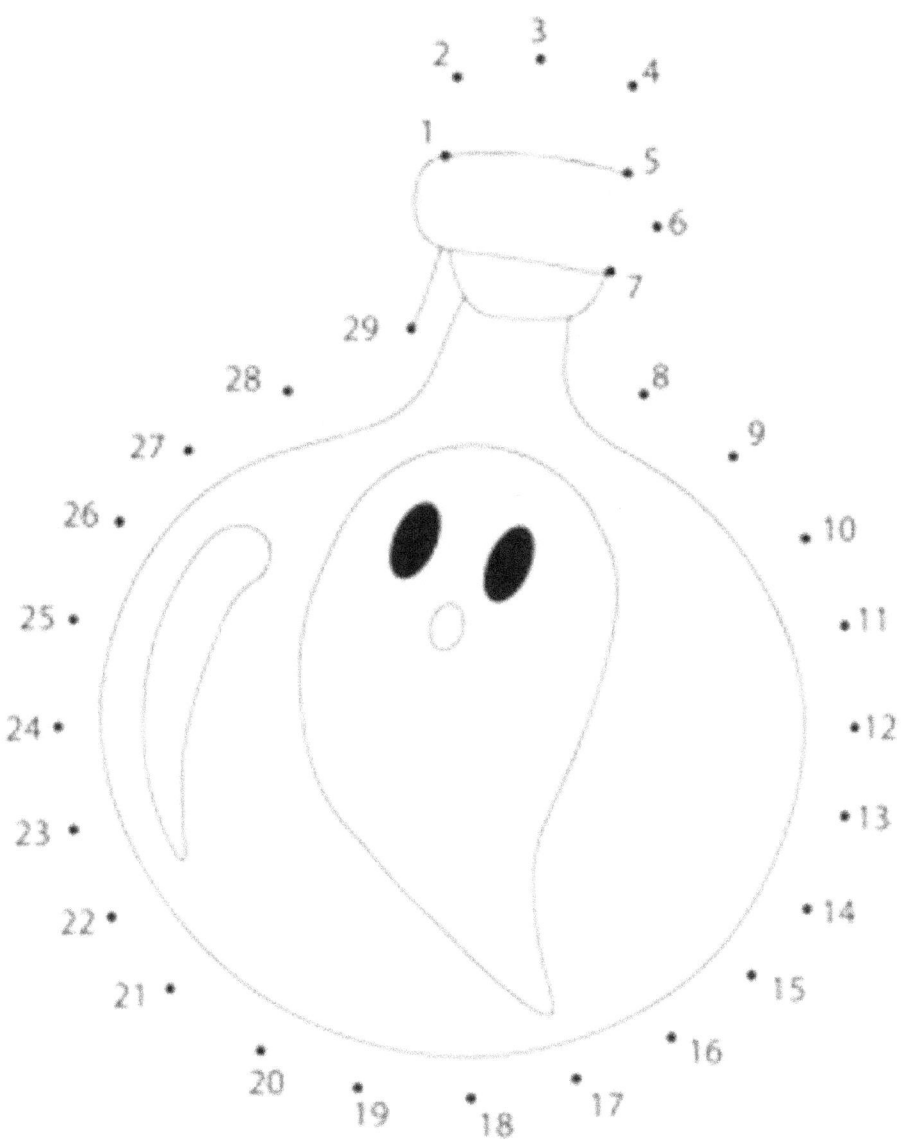

DOT TO DOT

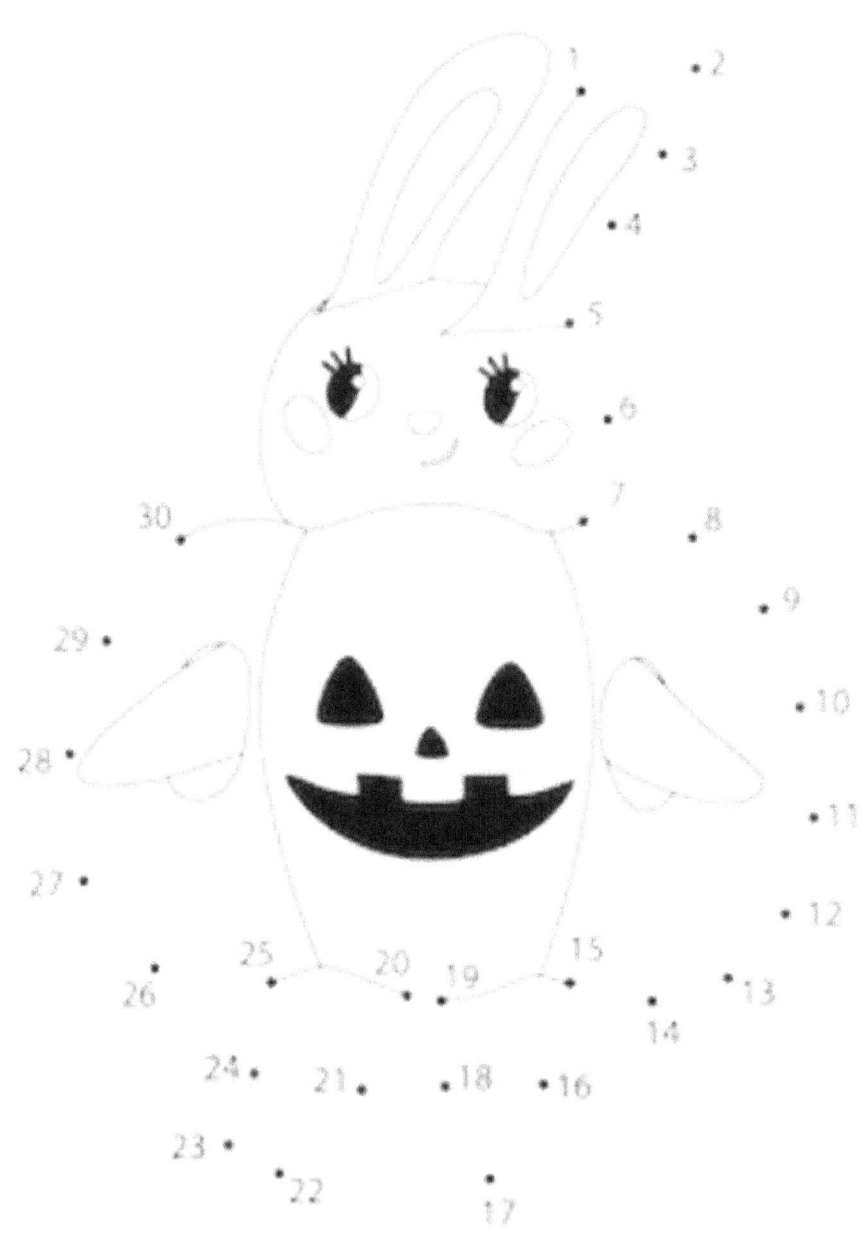

DOT TO DOT

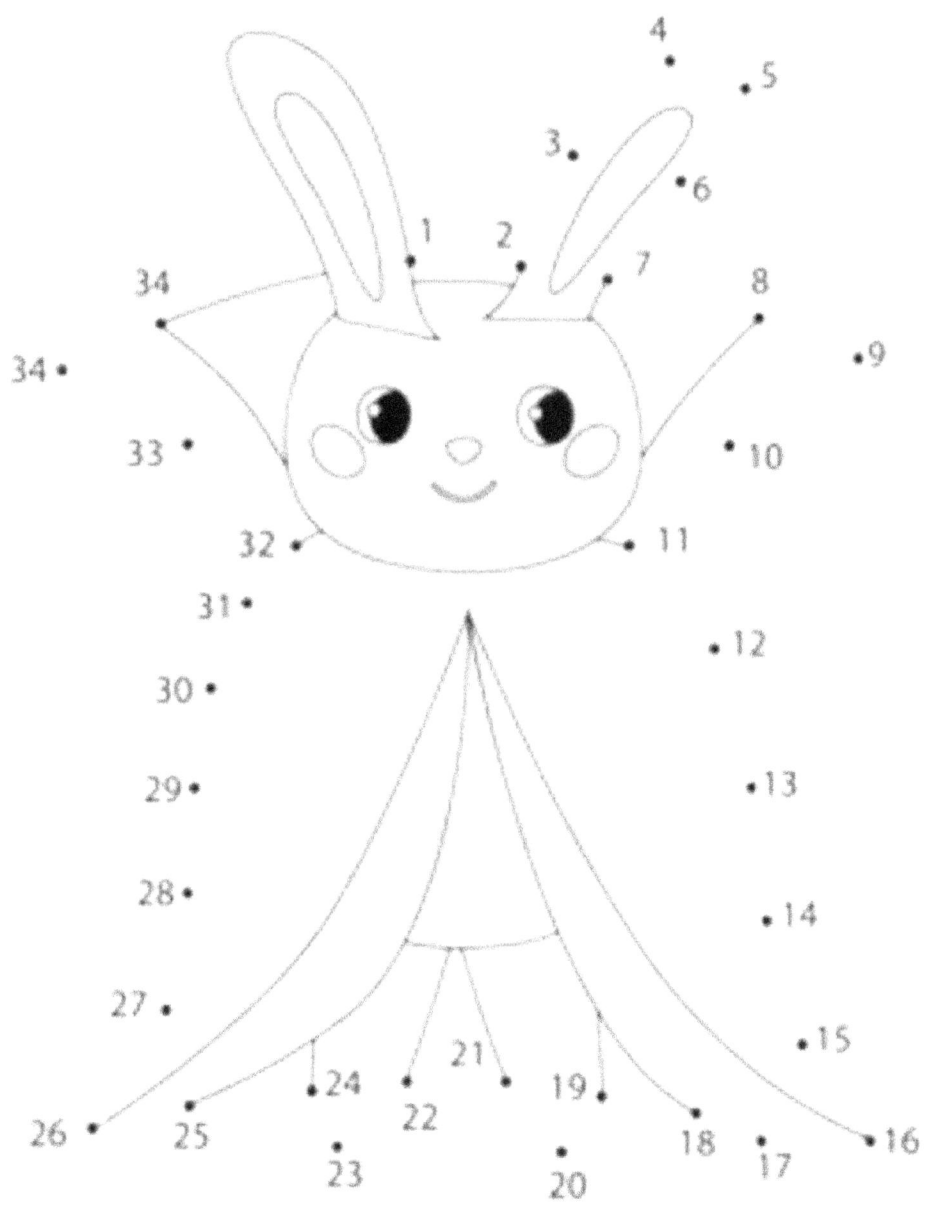

DOT TO DOT

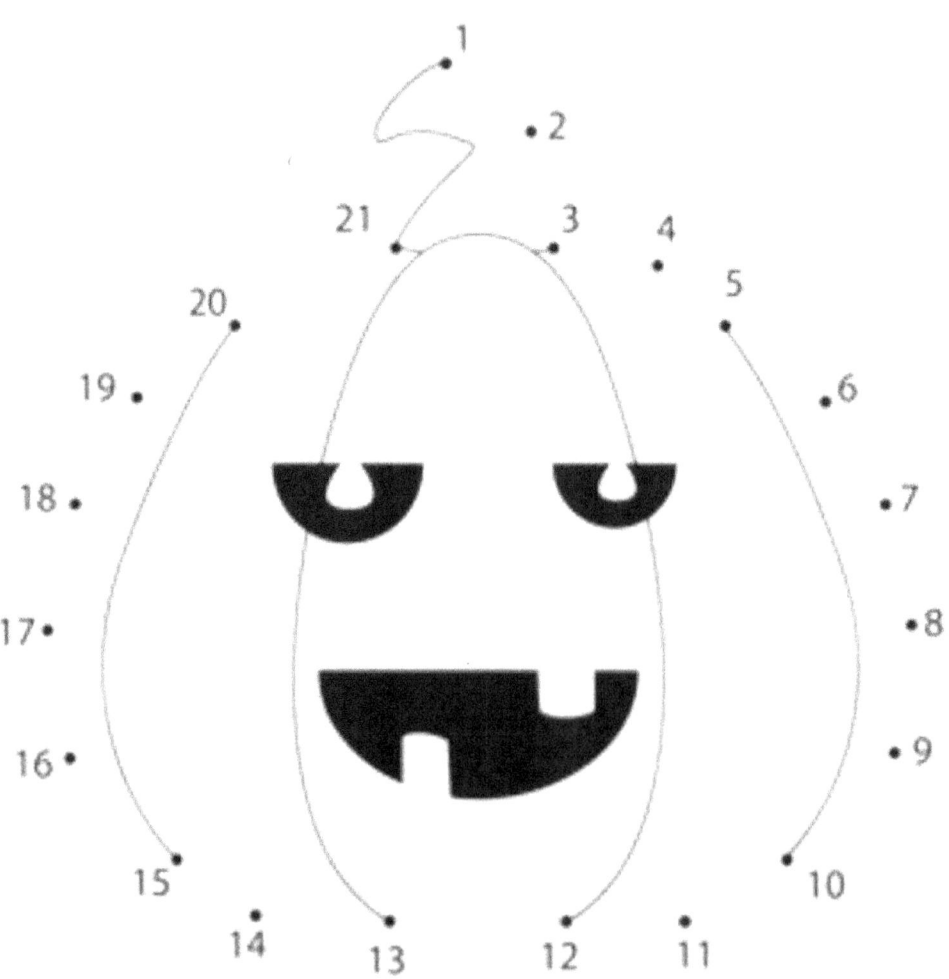

DOT TO DOT

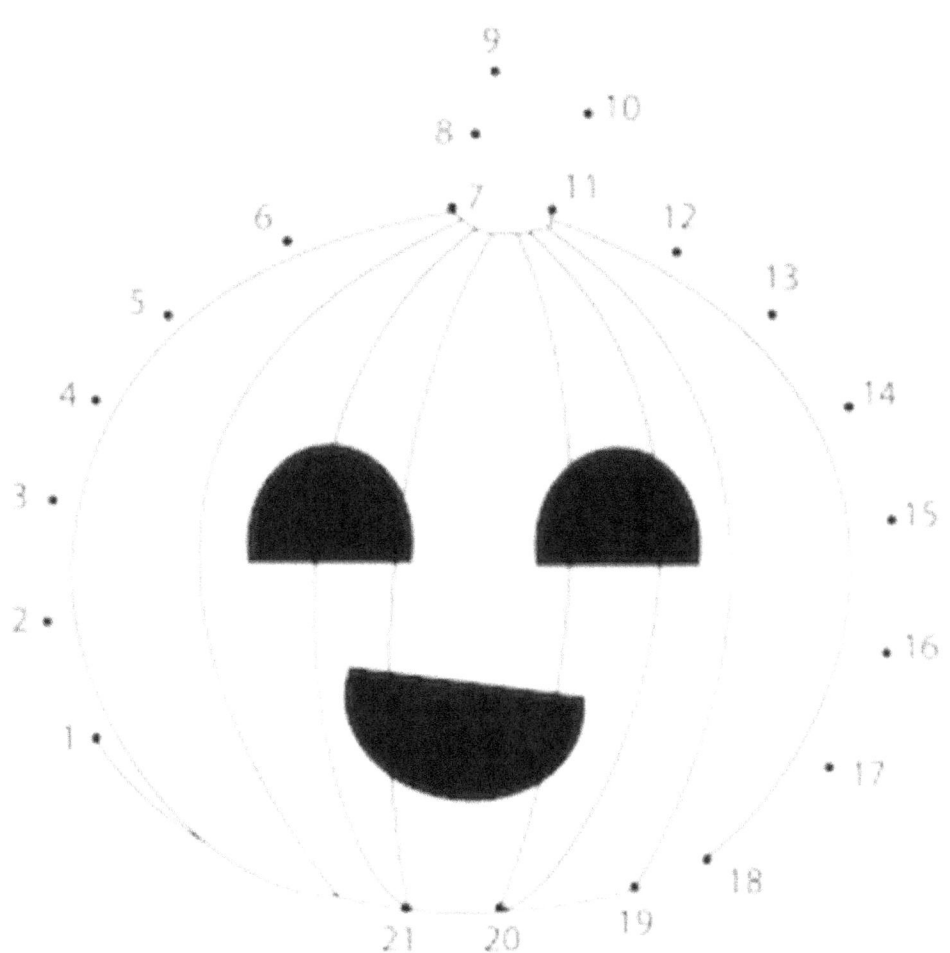

DOT TO DOT

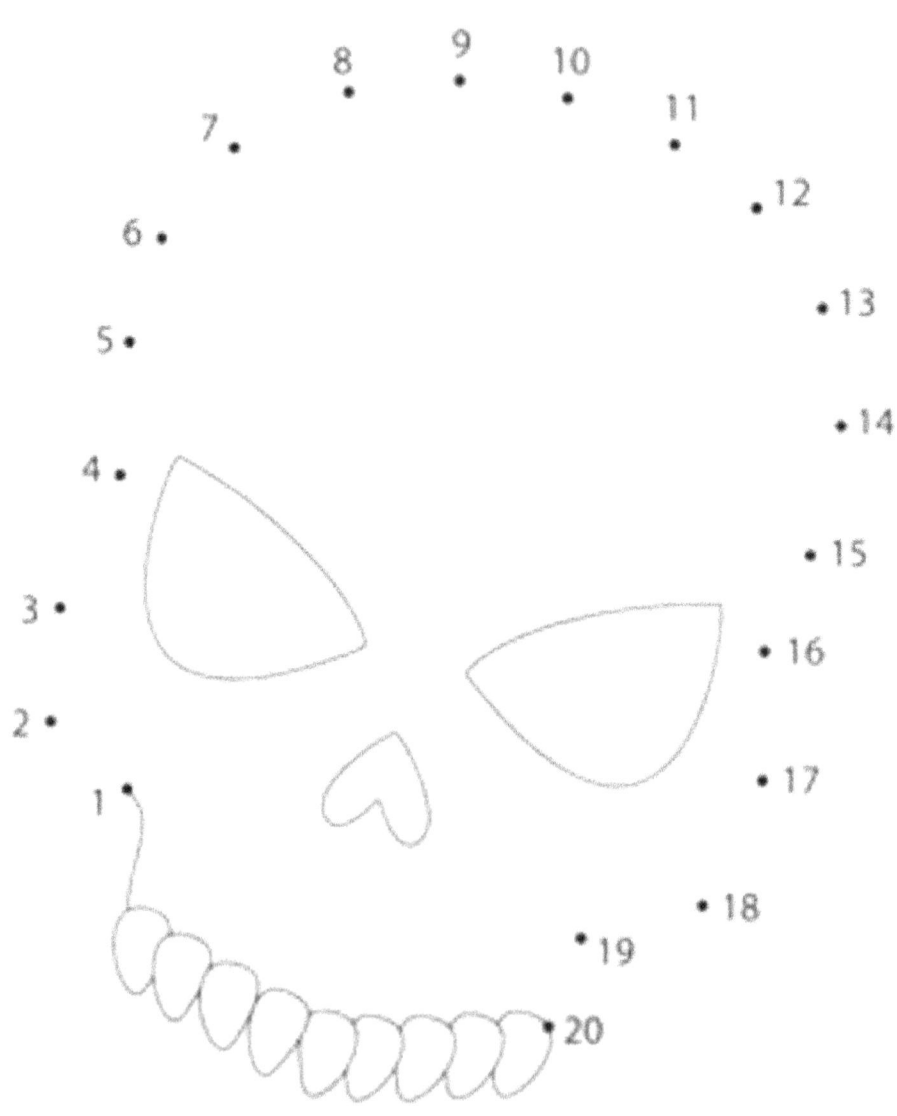

DOT TO DOT

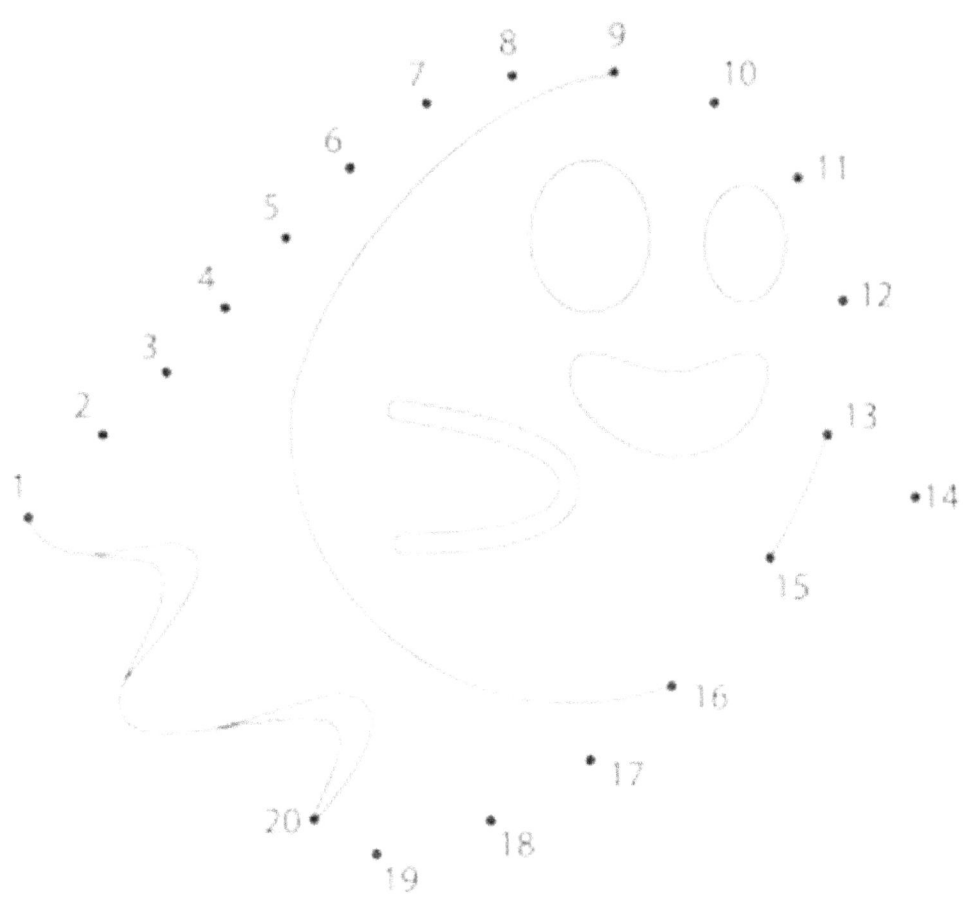

DOT TO DOT

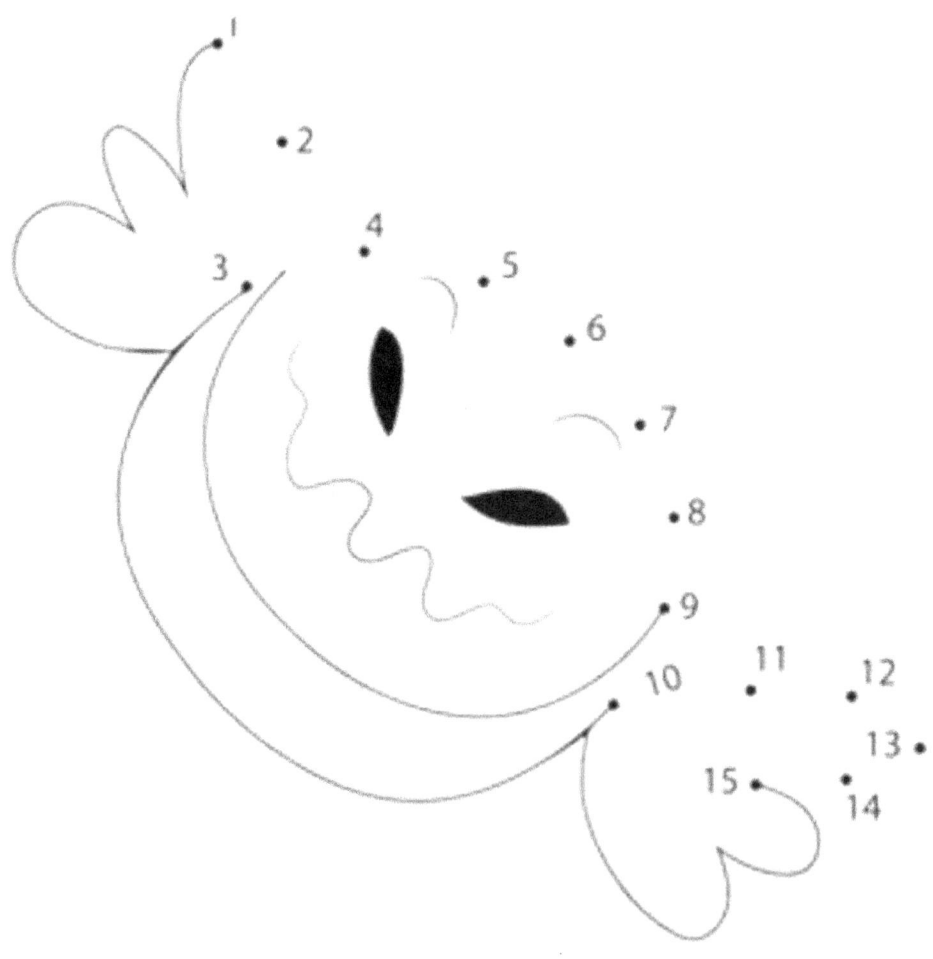

DOT TO DOT

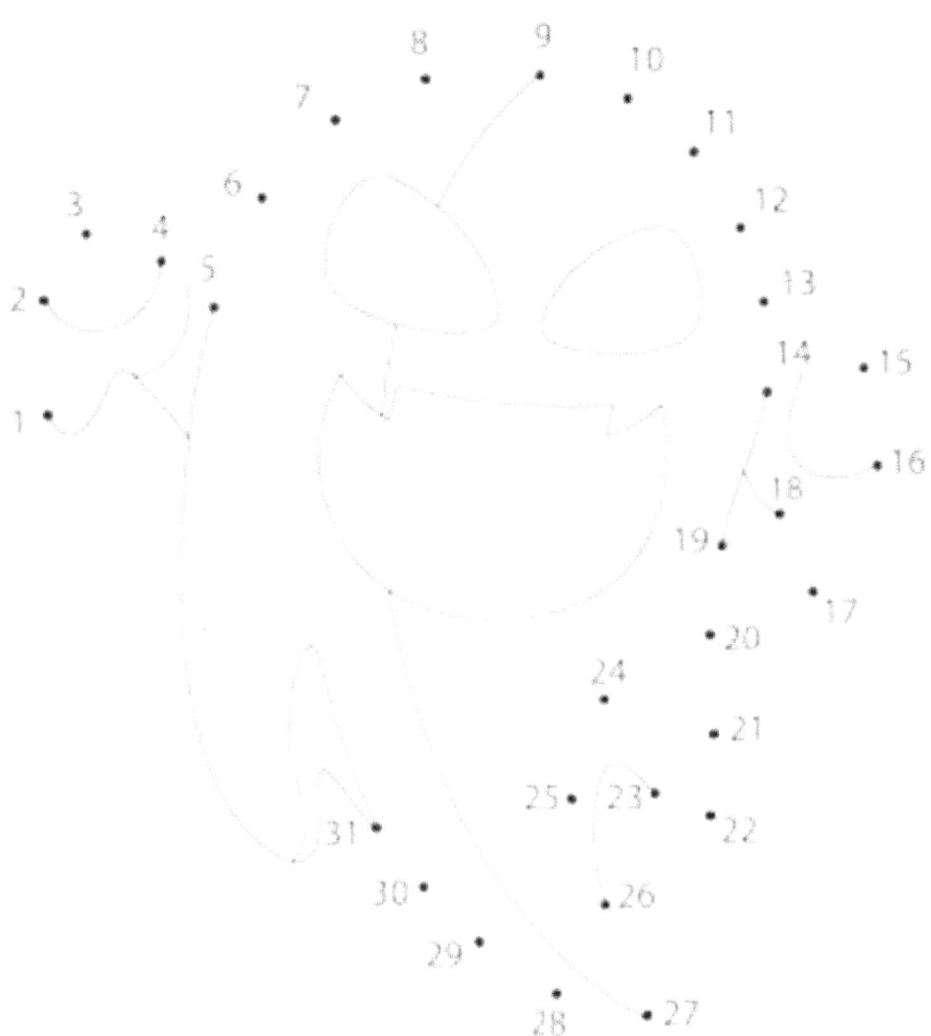

DOT TO DOT

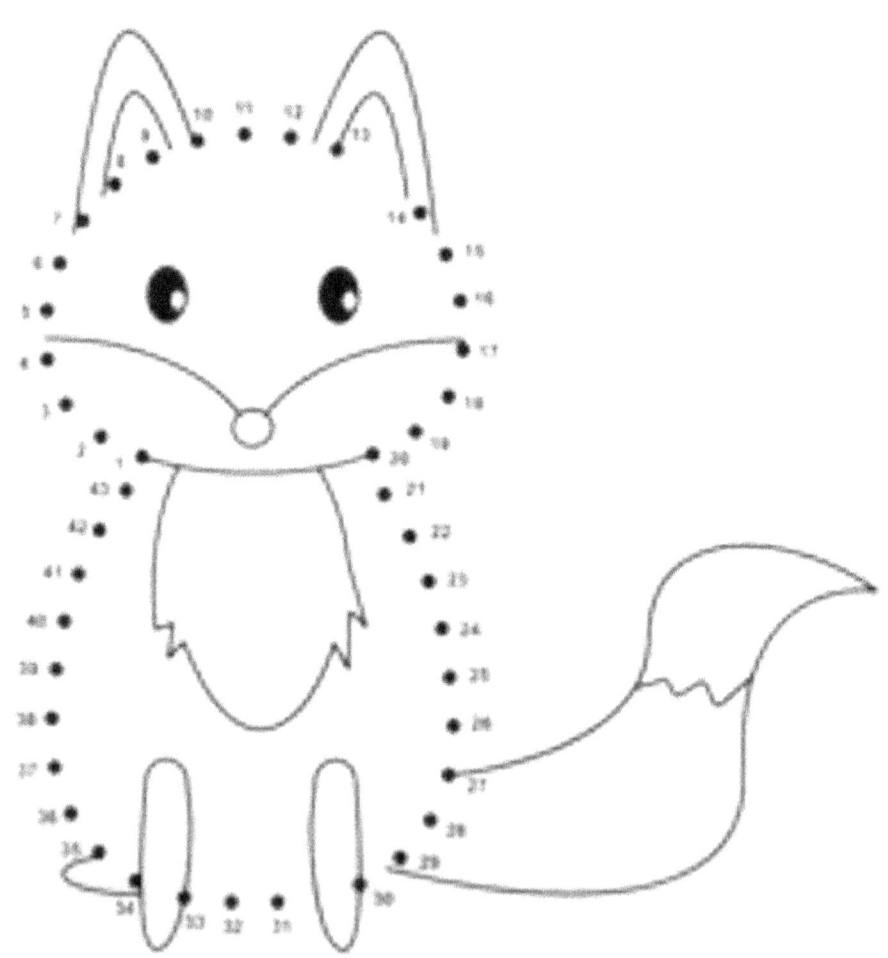

DOT TO DOT

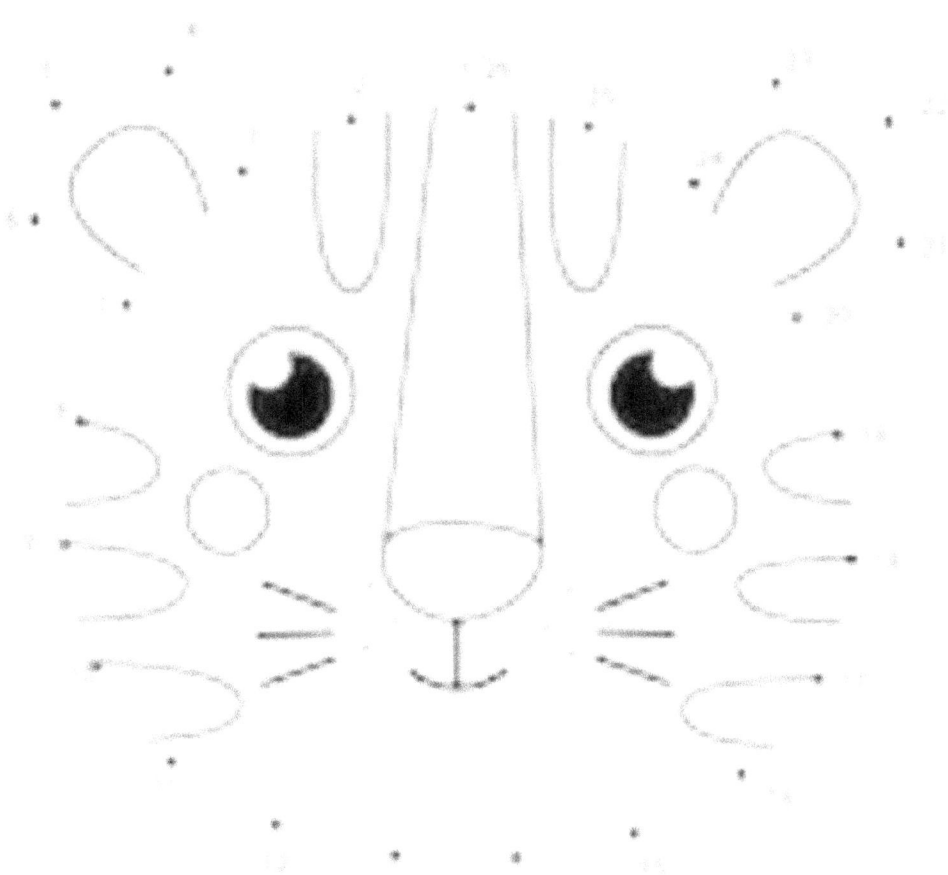

DOT TO DOT

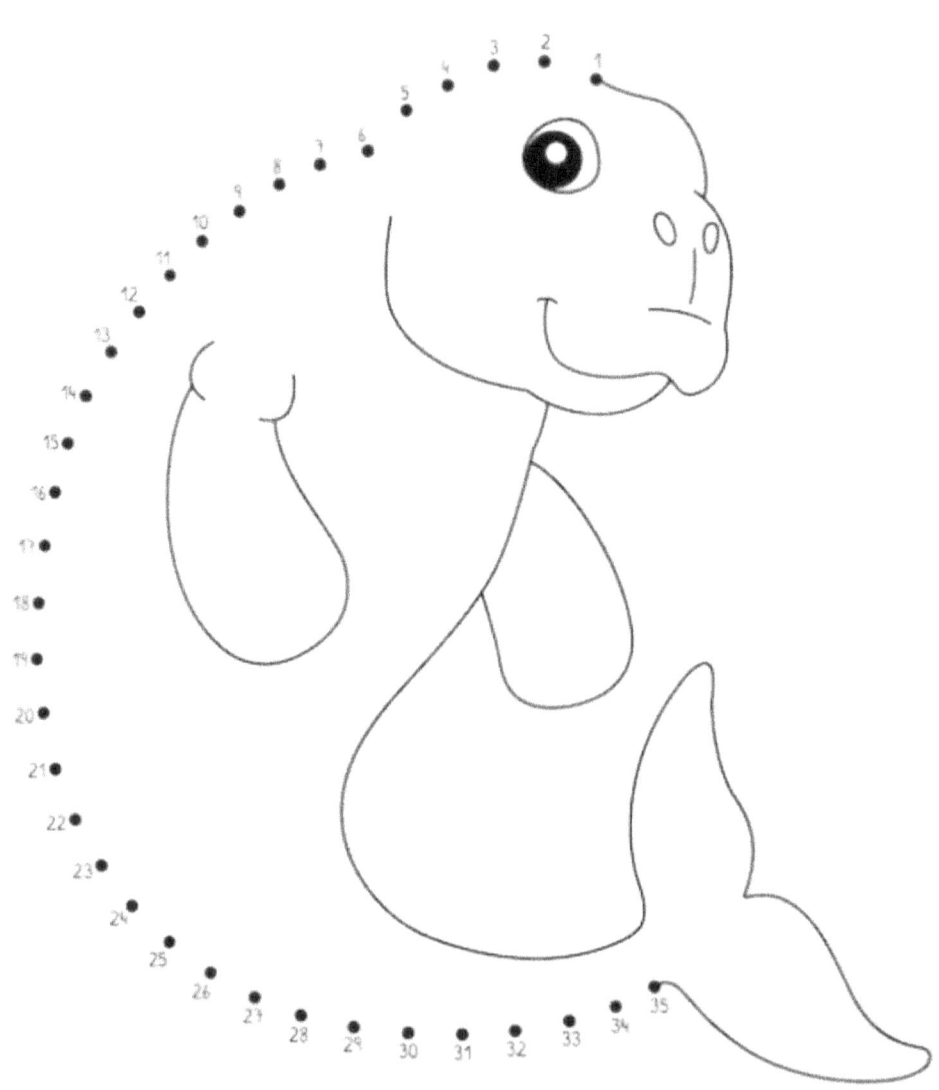

DOT TO DOT

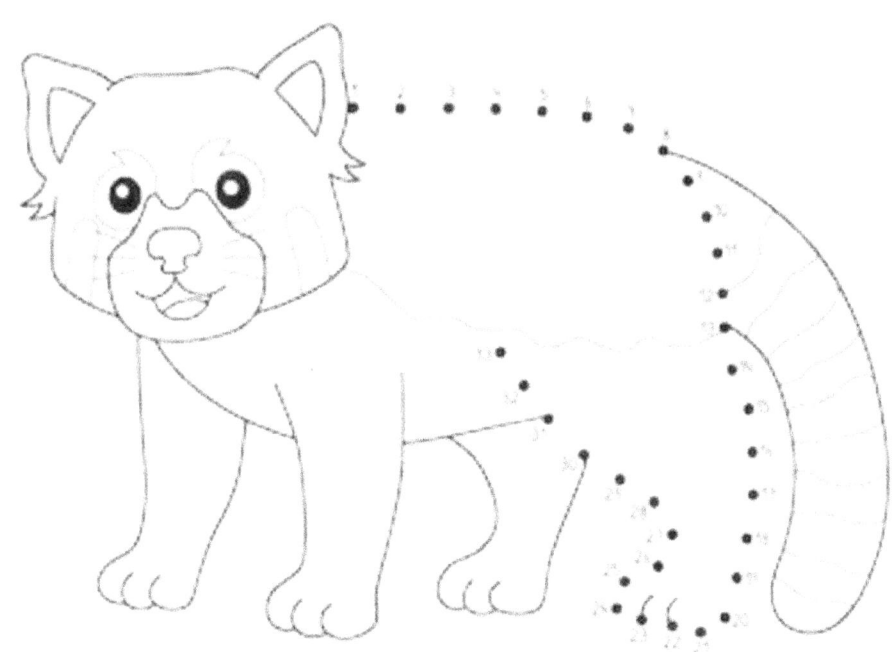

DOT TO DOT

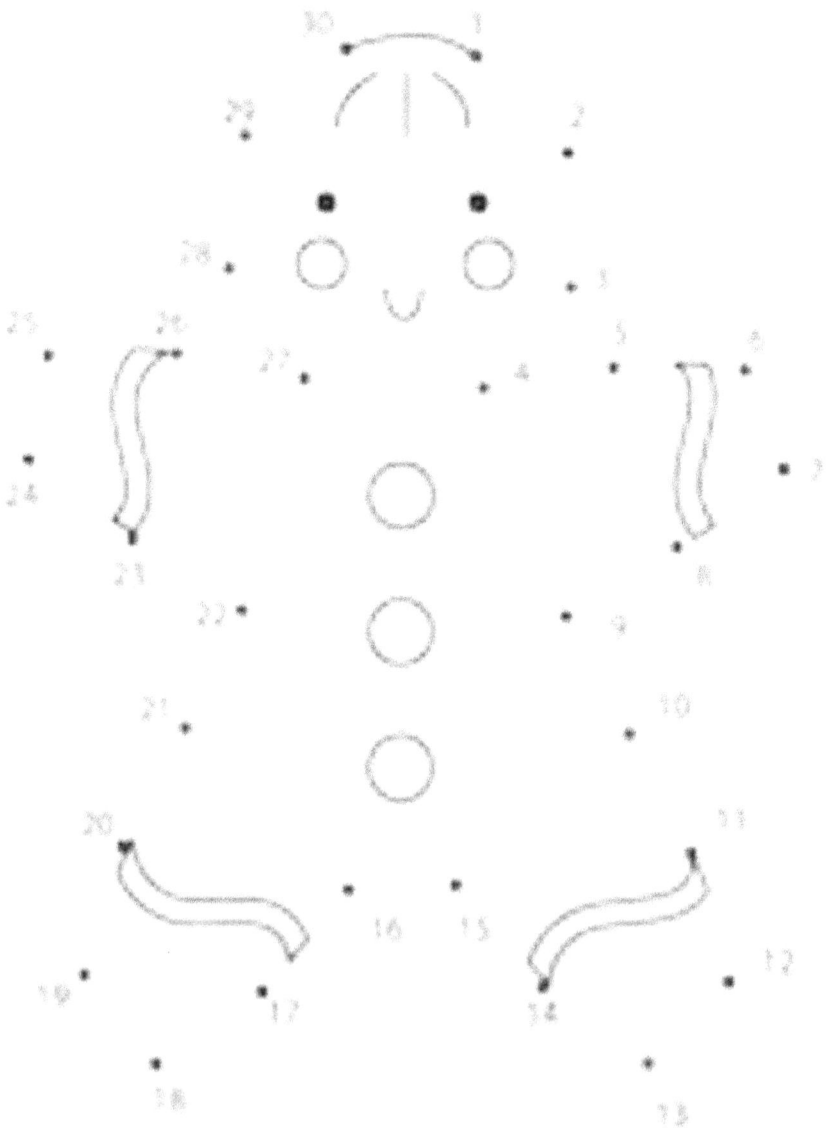

DOT TO DOT

DOT TO DOT

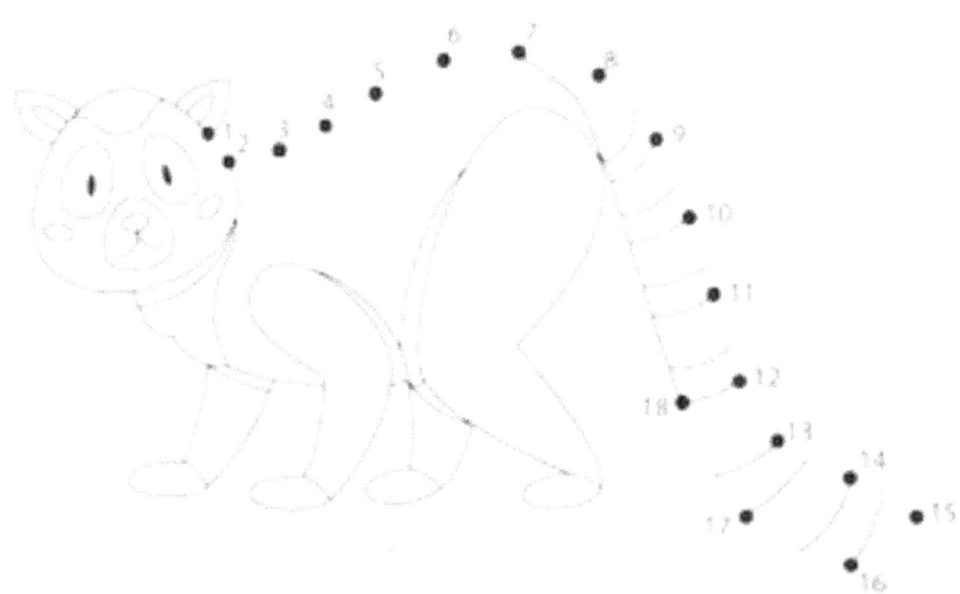

DOT TO DOT

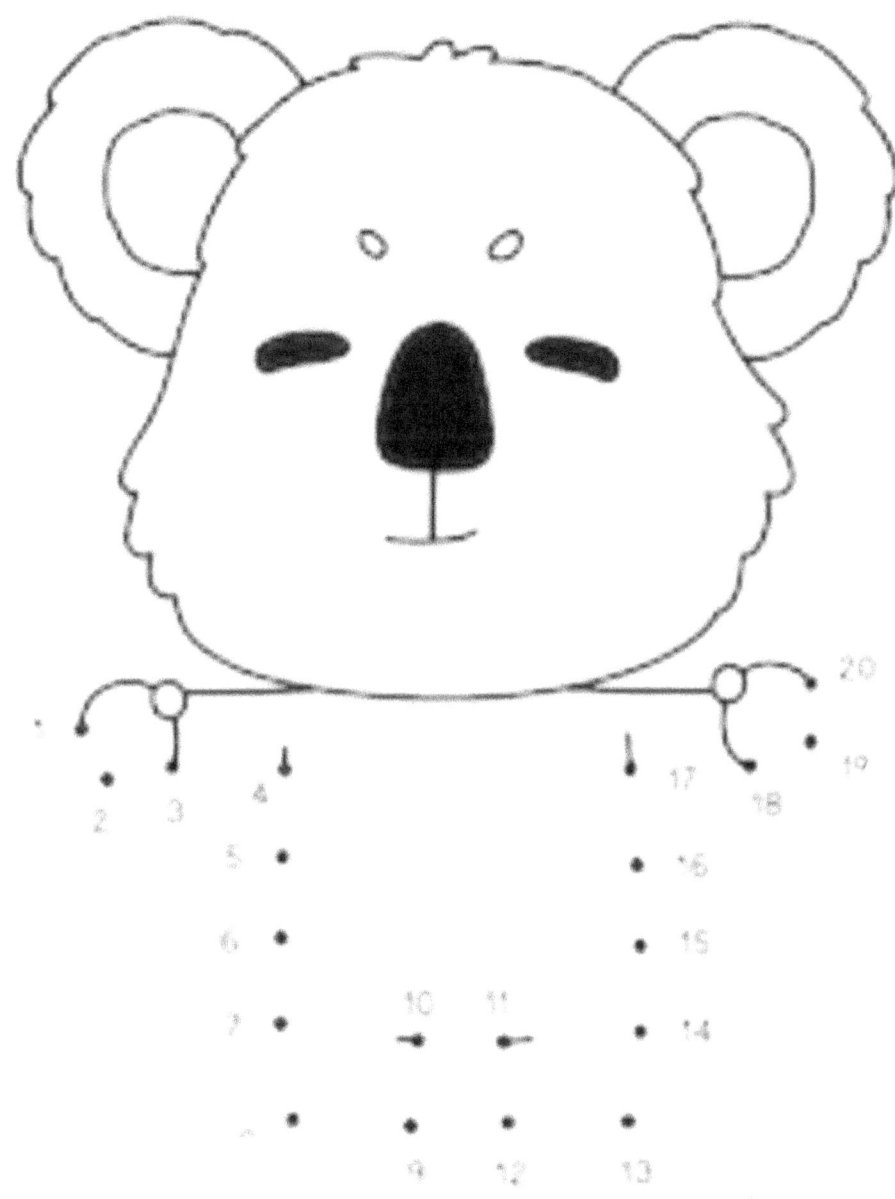

DOT TO DOT

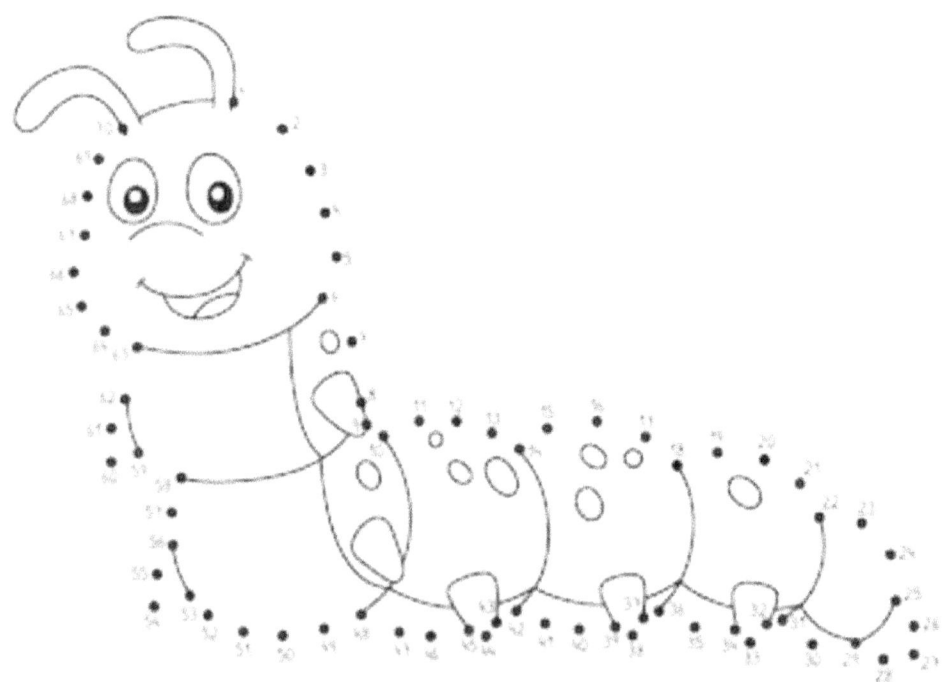

DOT TO DOT

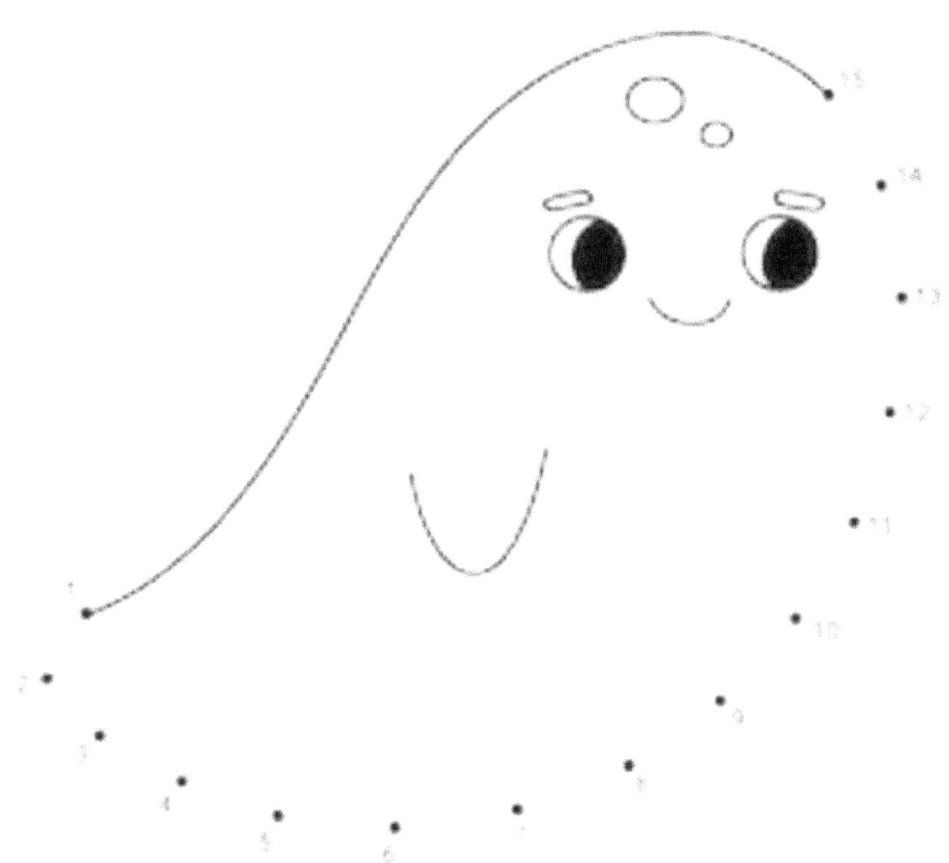

DOT TO DOT

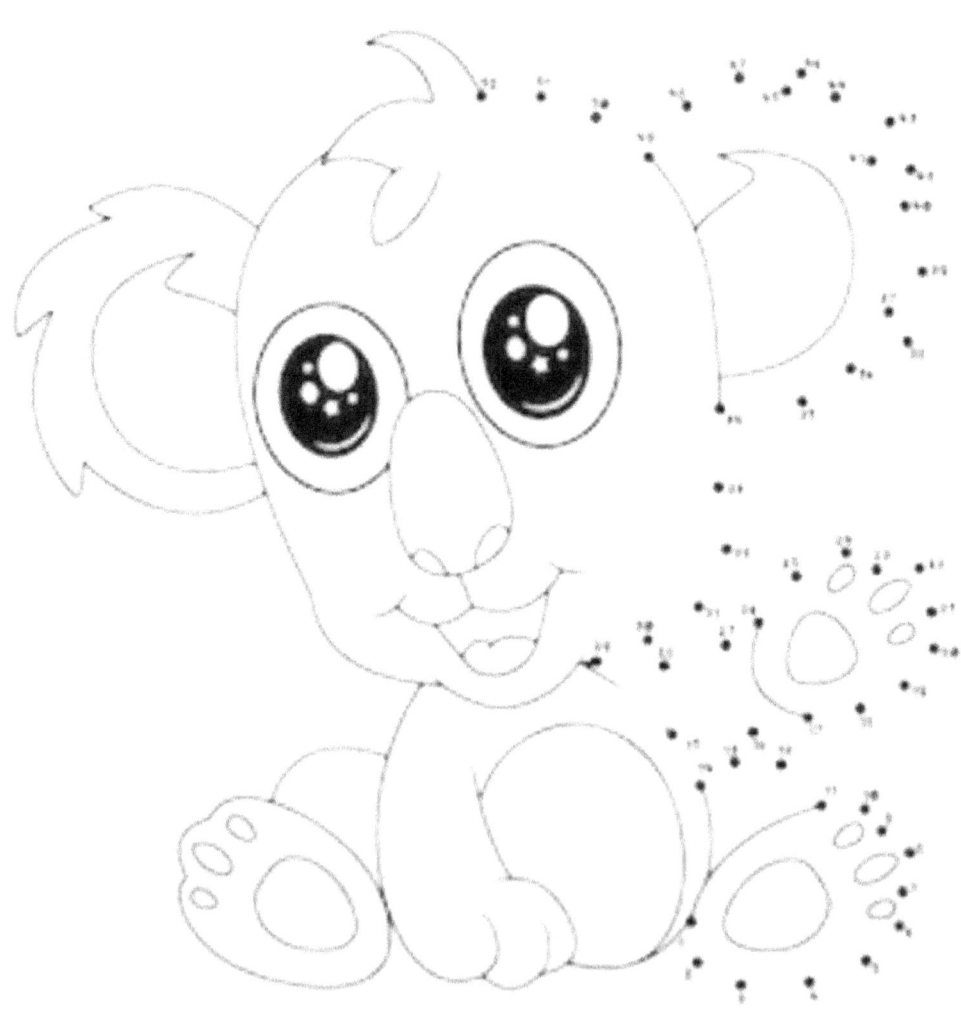

DOT TO DOT

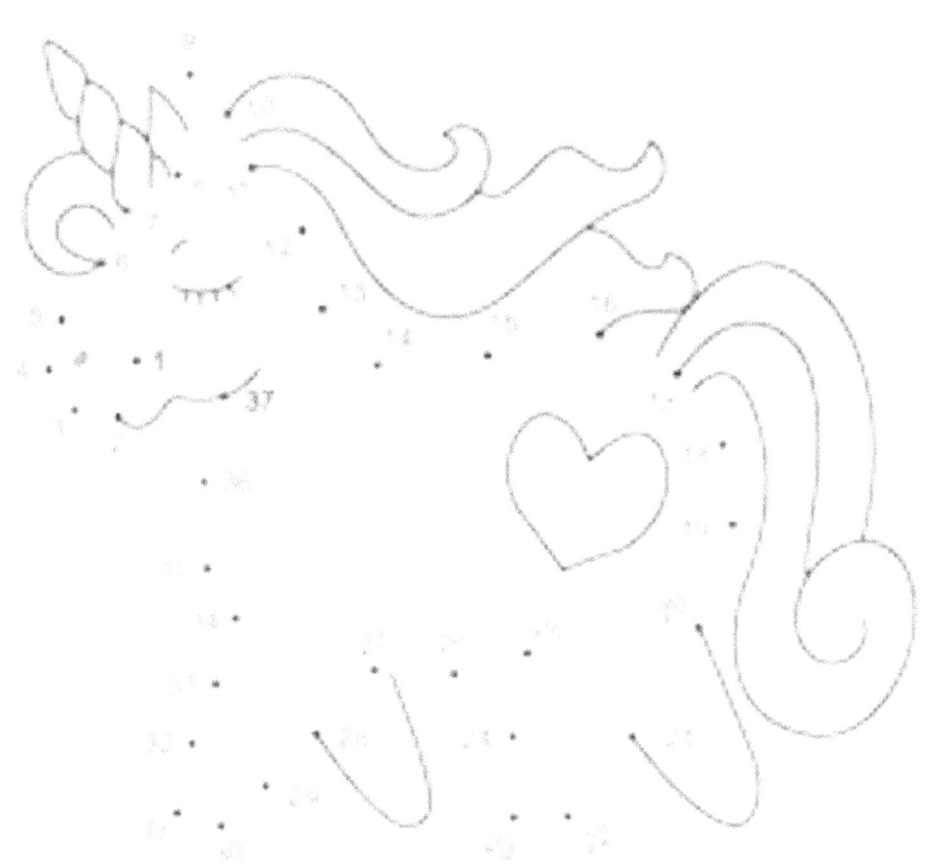

DOT TO DOT

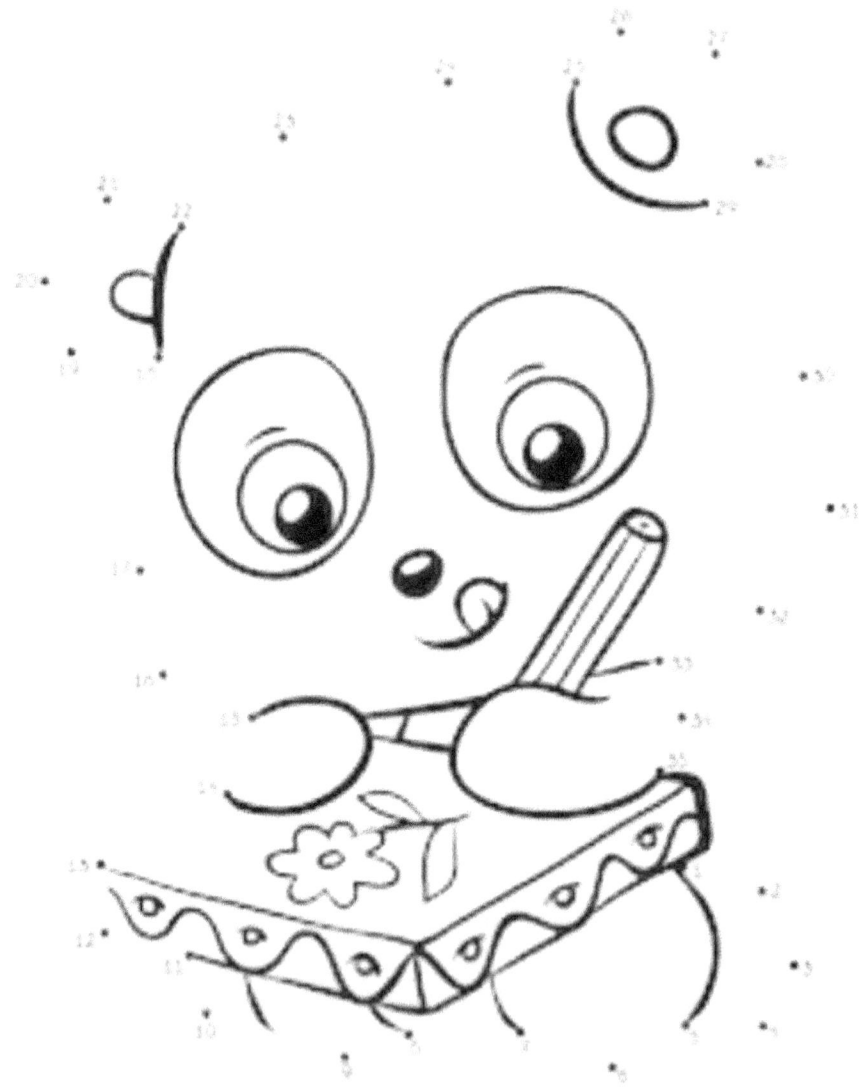

DOT TO DOT

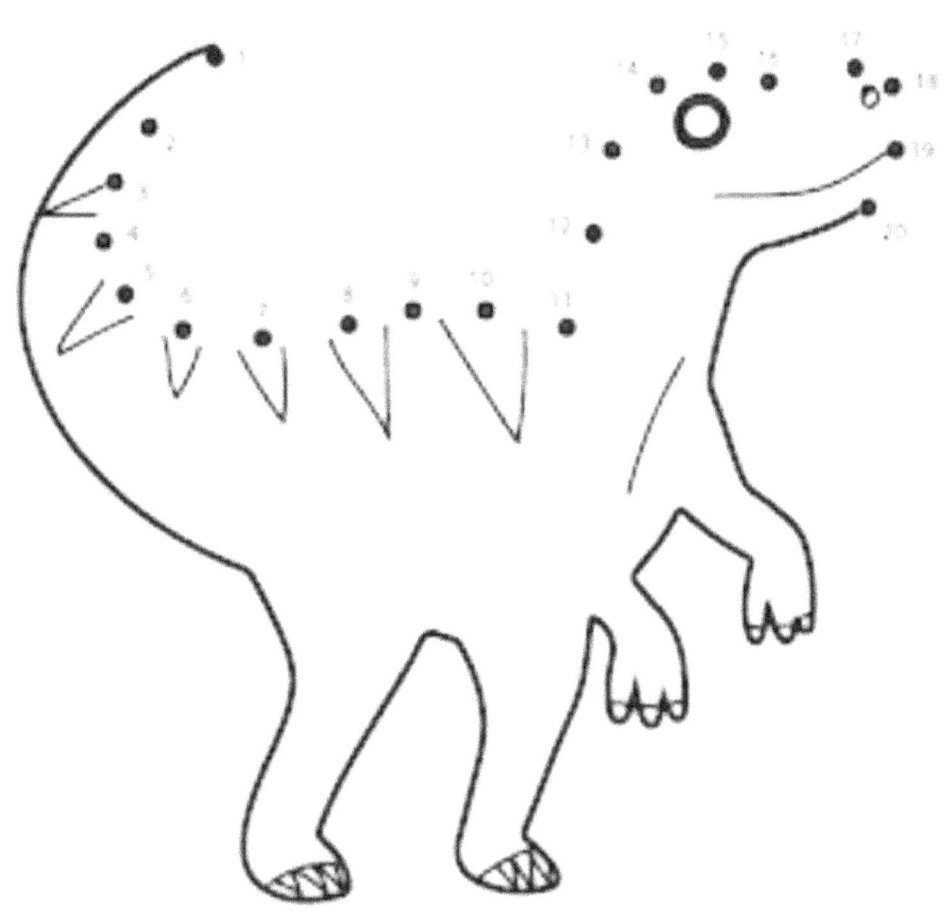

DOT TO DOT

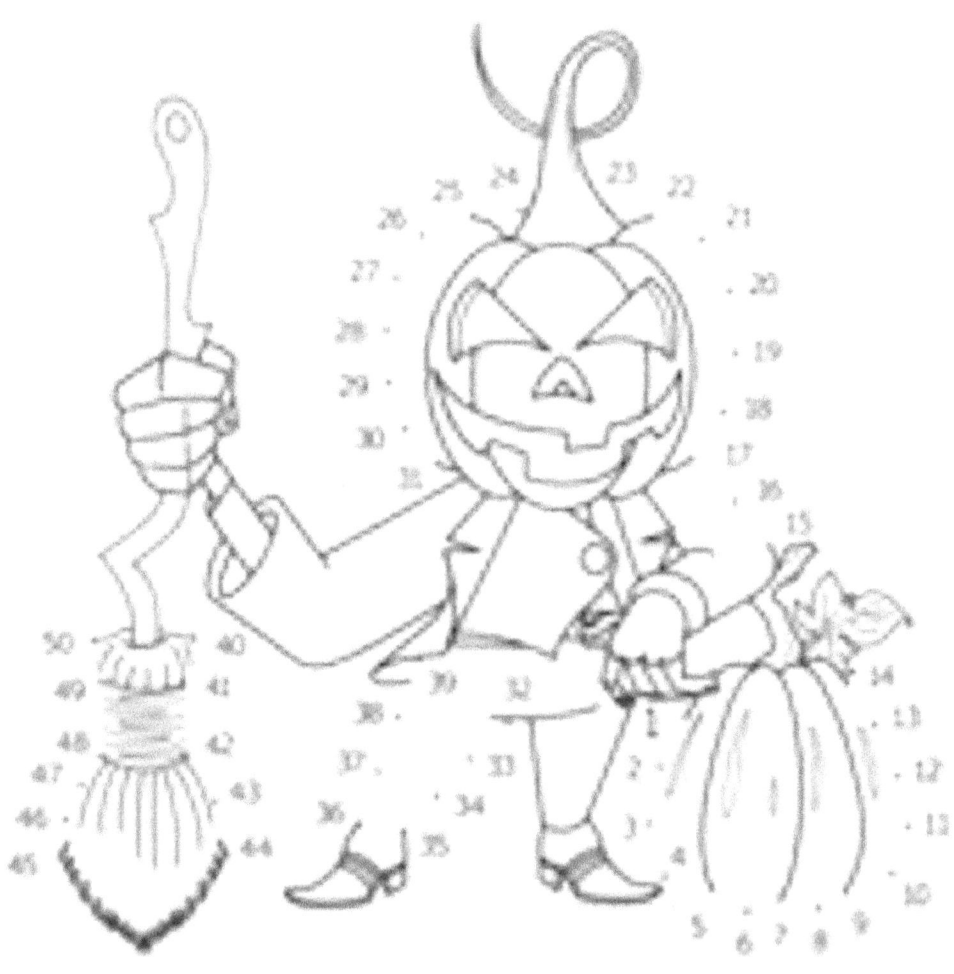

DOT TO DOT

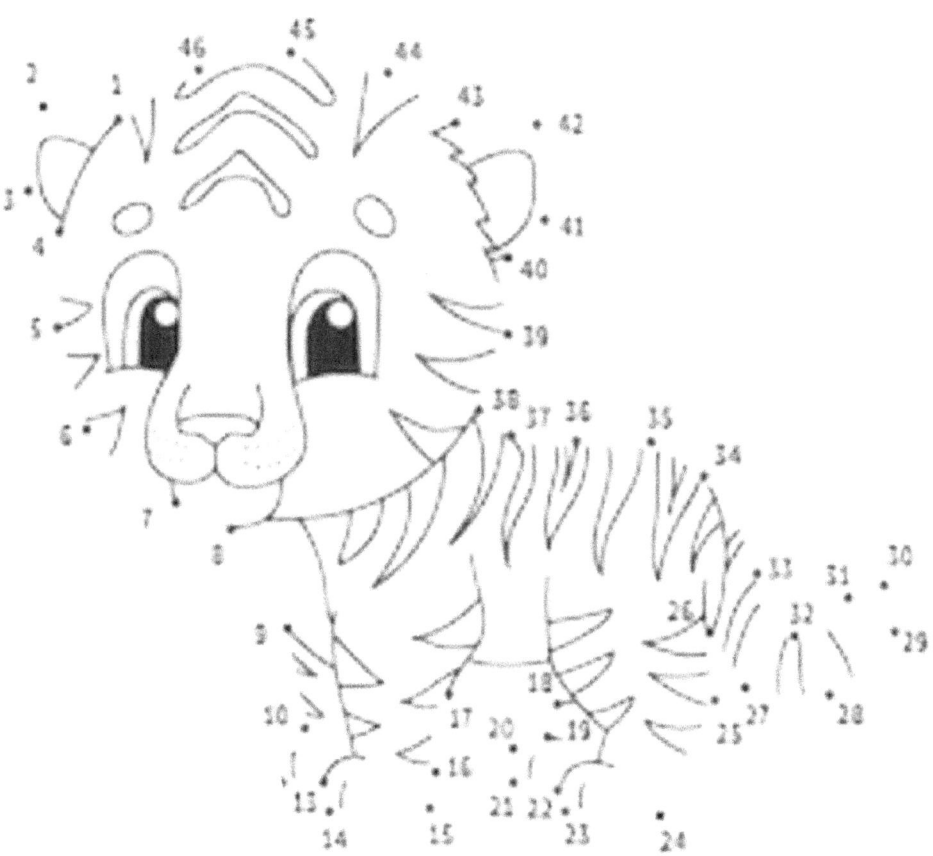

DOT TO DOT

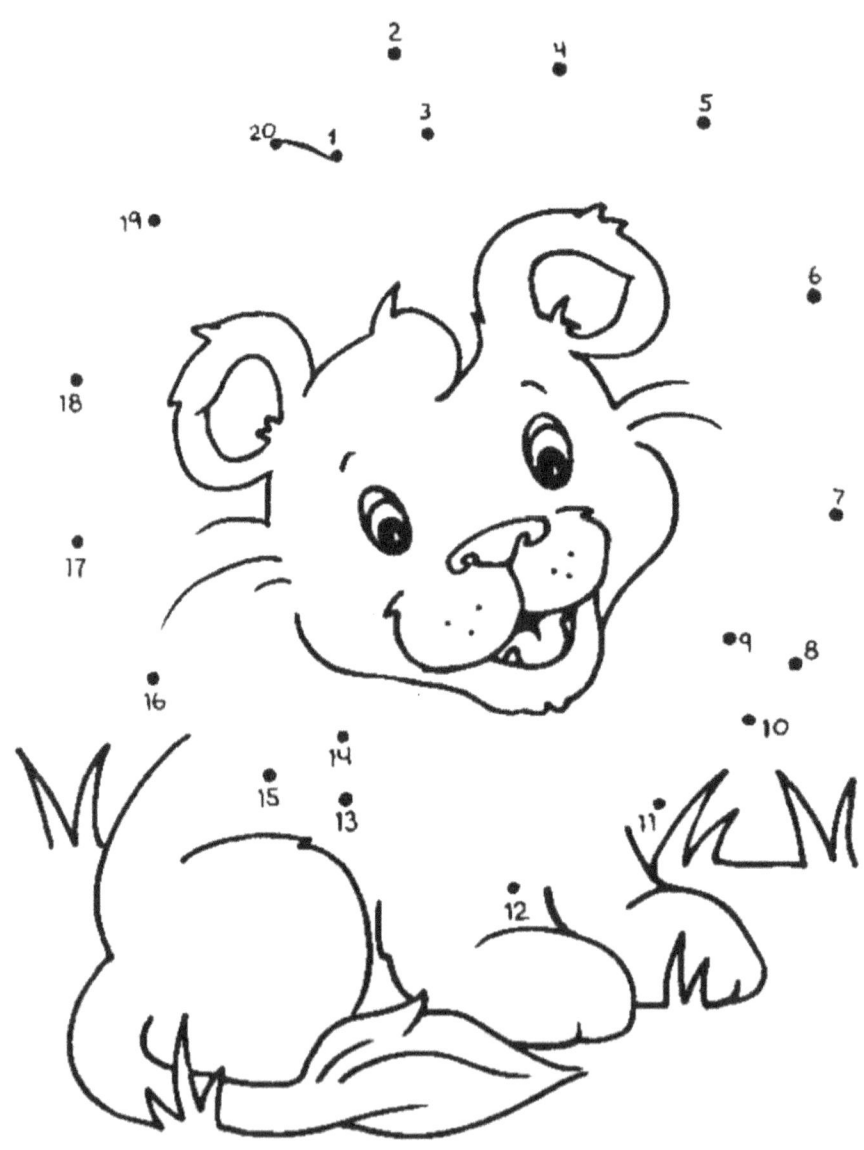

DOT TO DOT

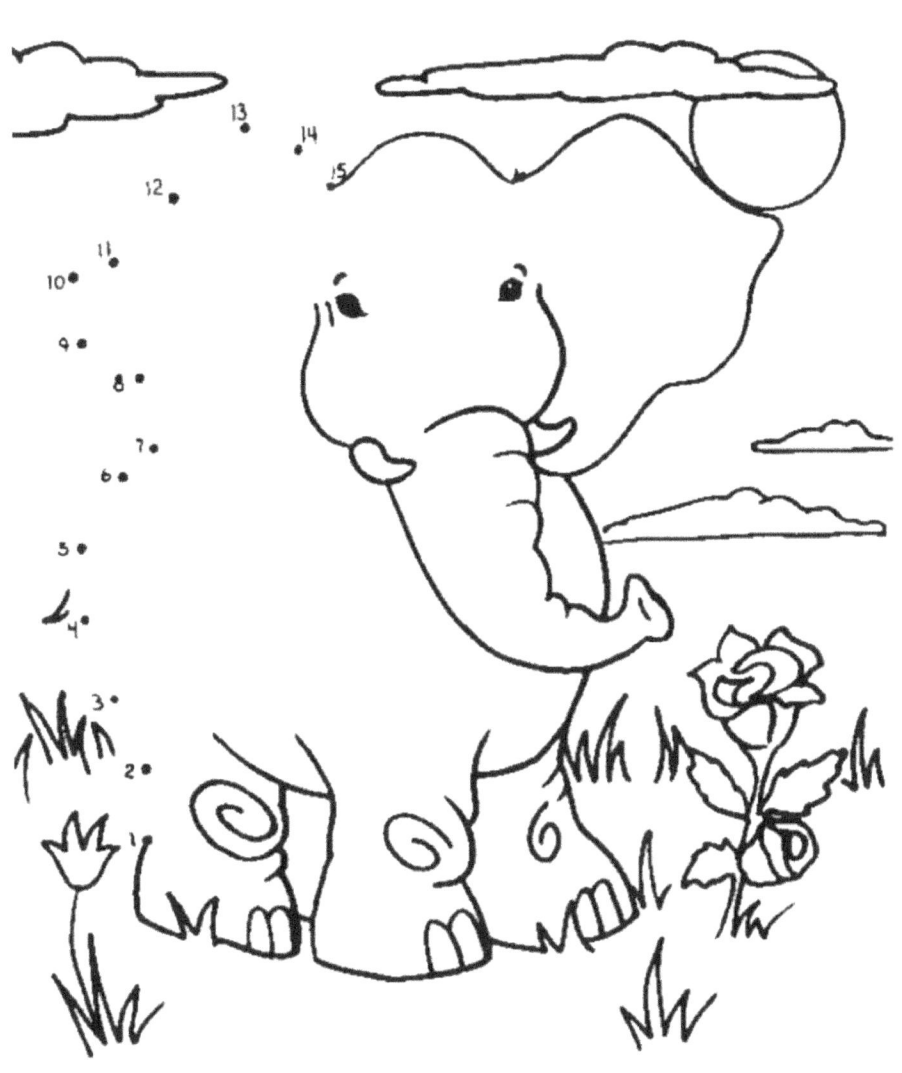

DOT TO DOT

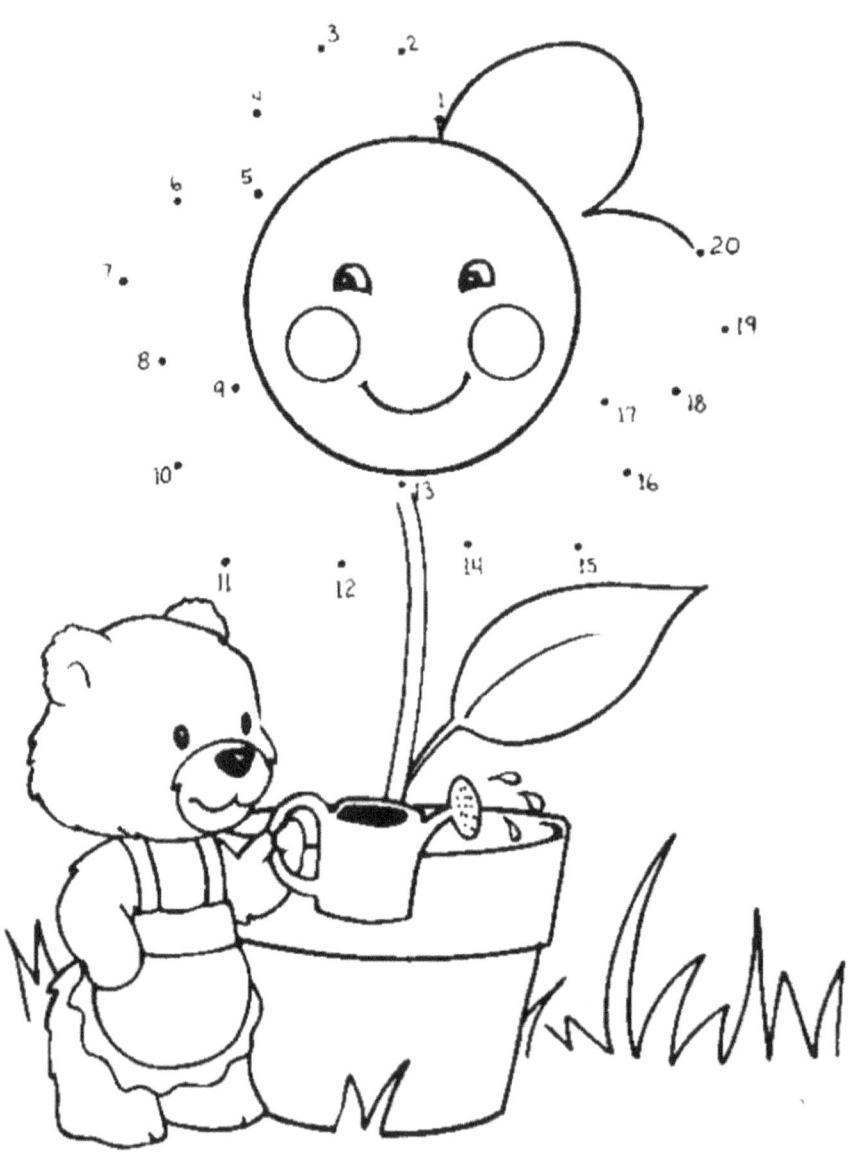

DOT TO DOT

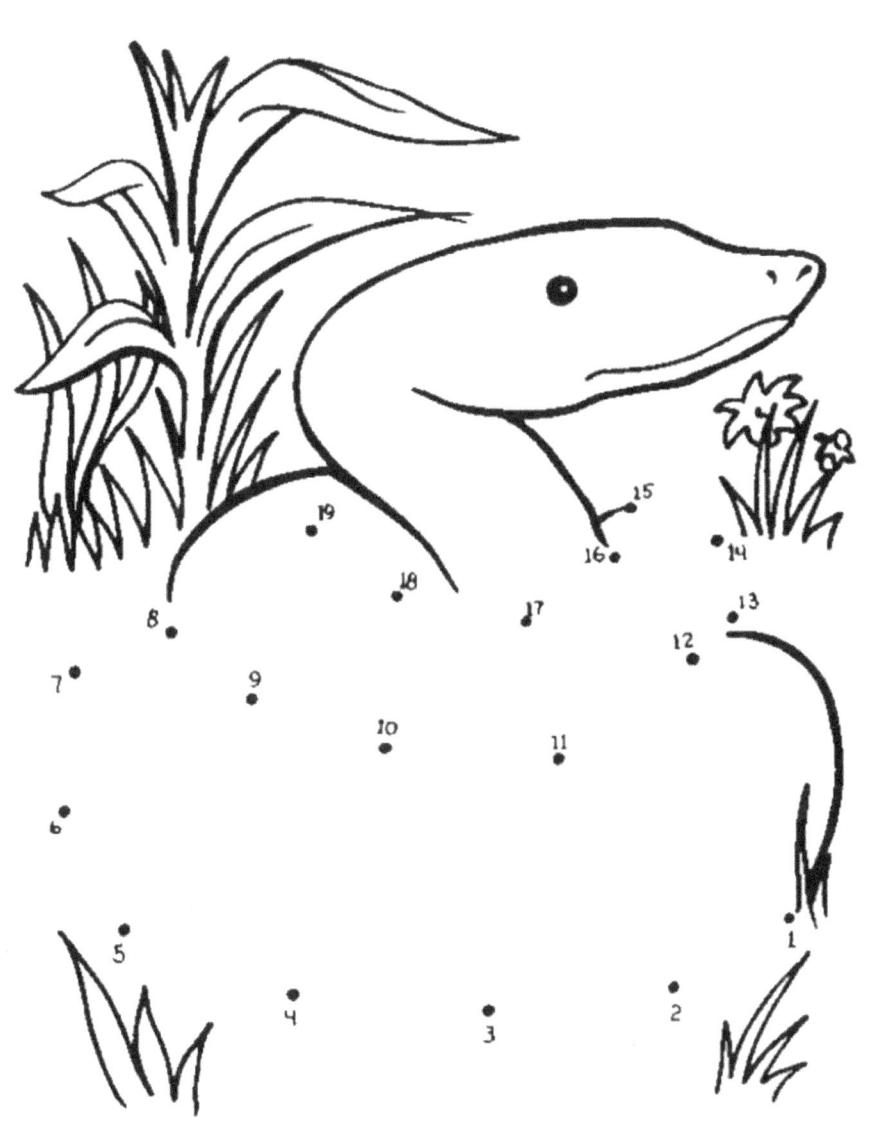

DOT TO DOT

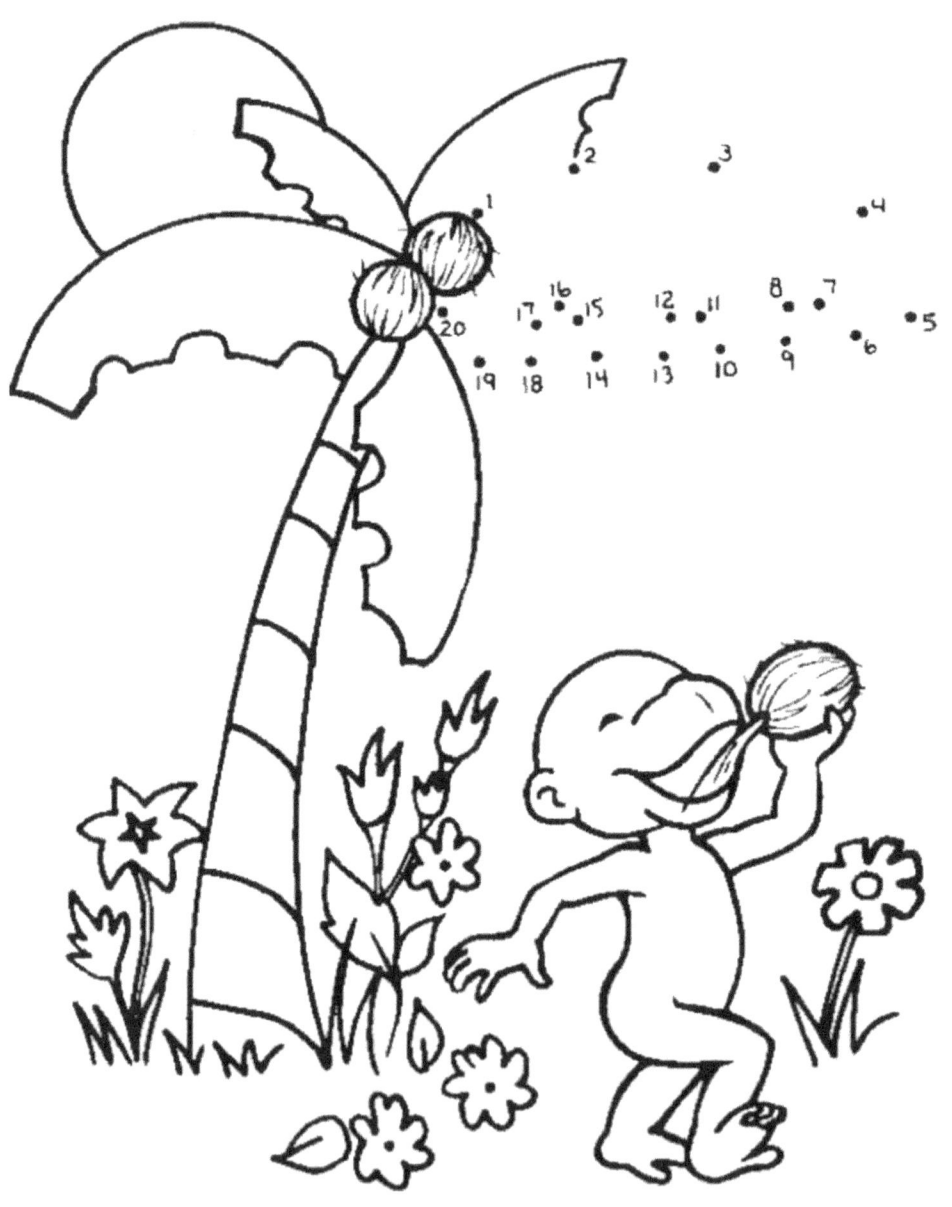

DOT TO DOT

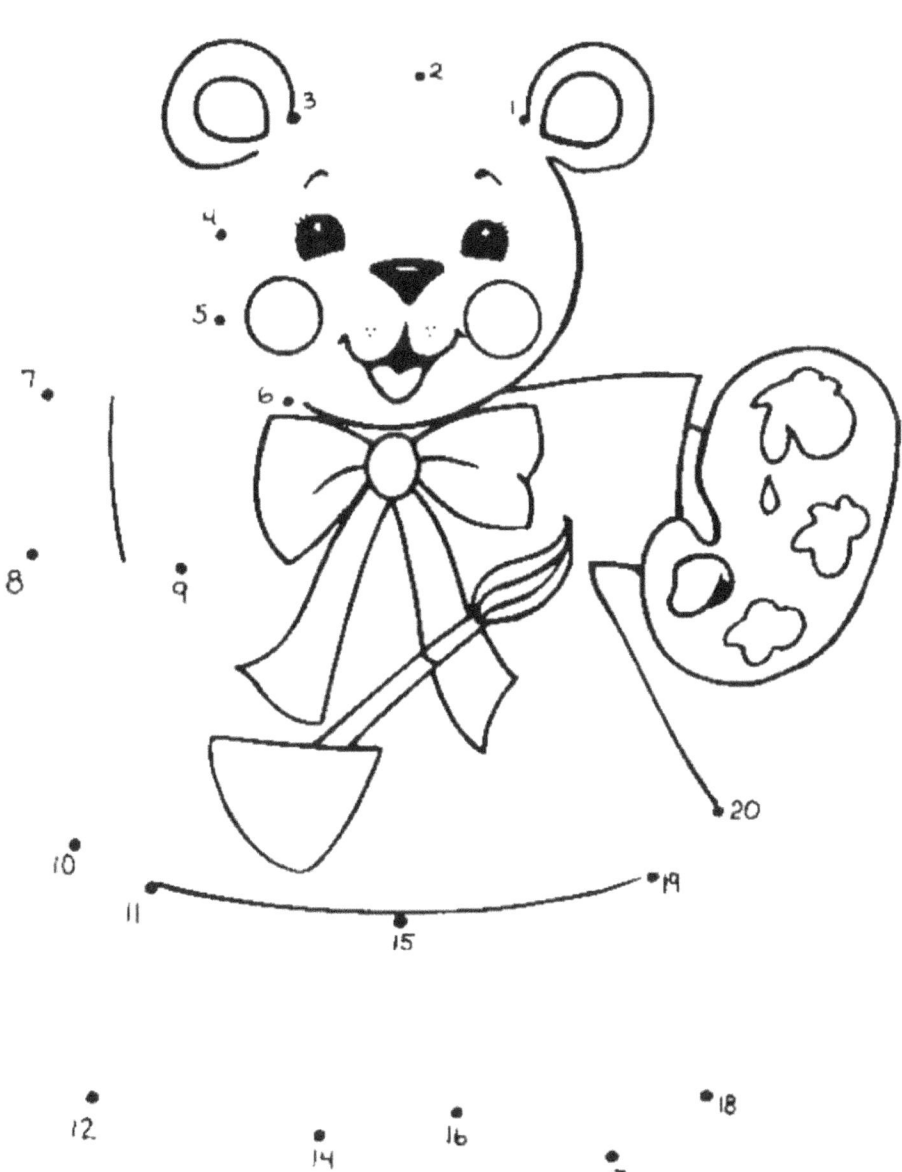

DOT TO DOT

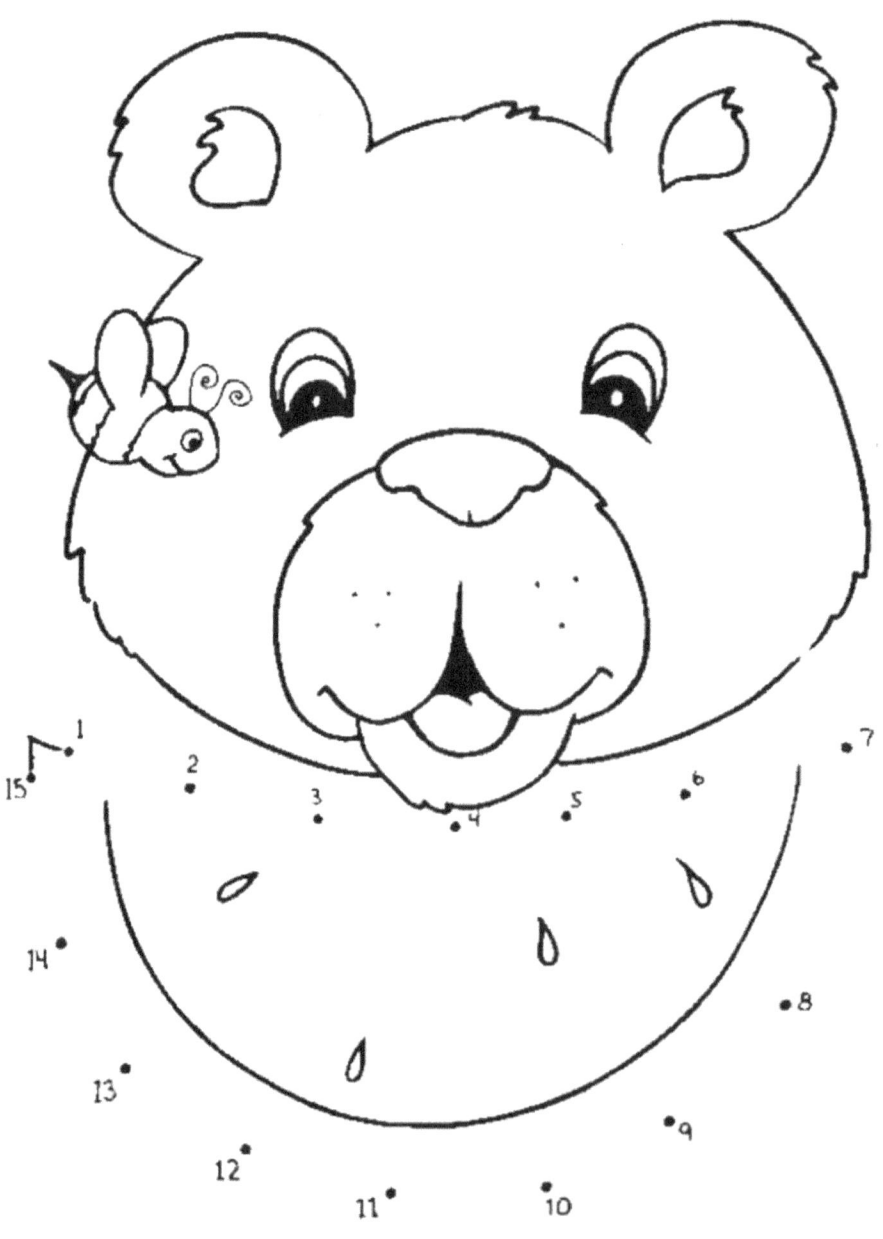

DOT TO DOT

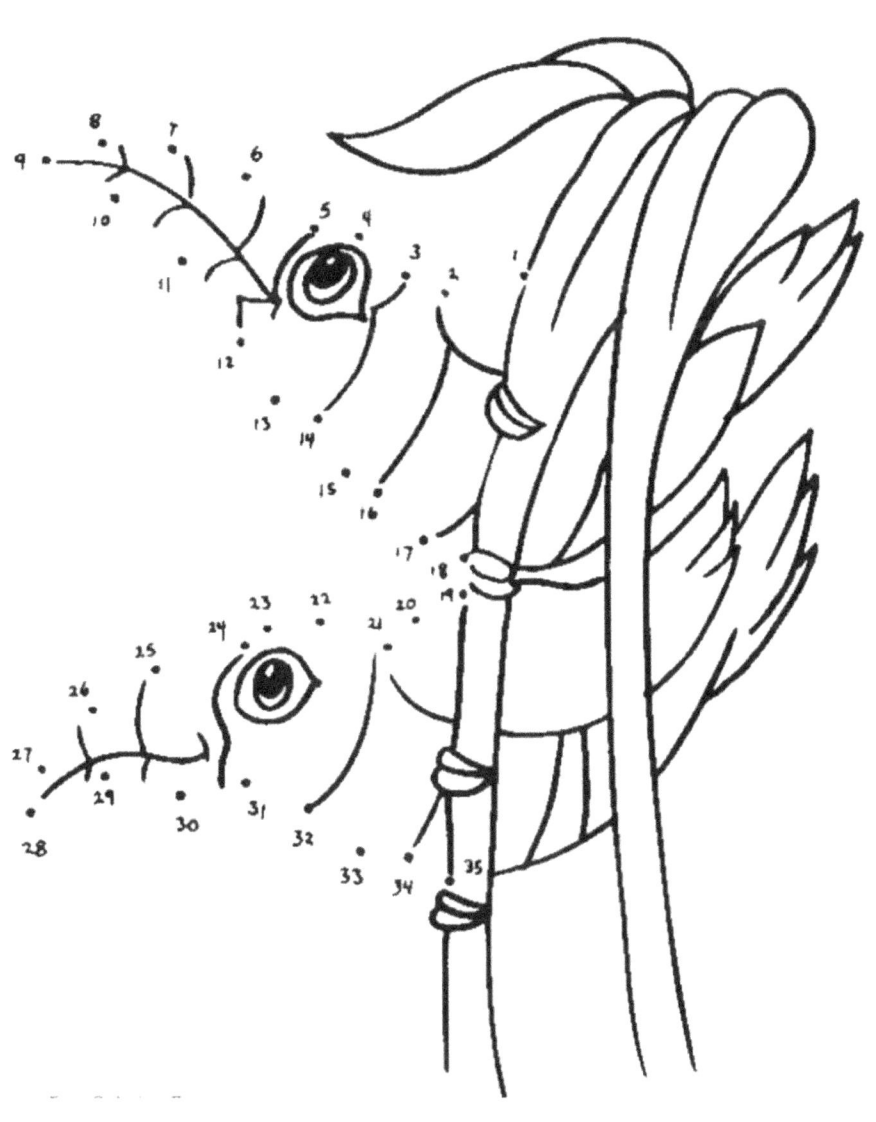

DOT TO DOT

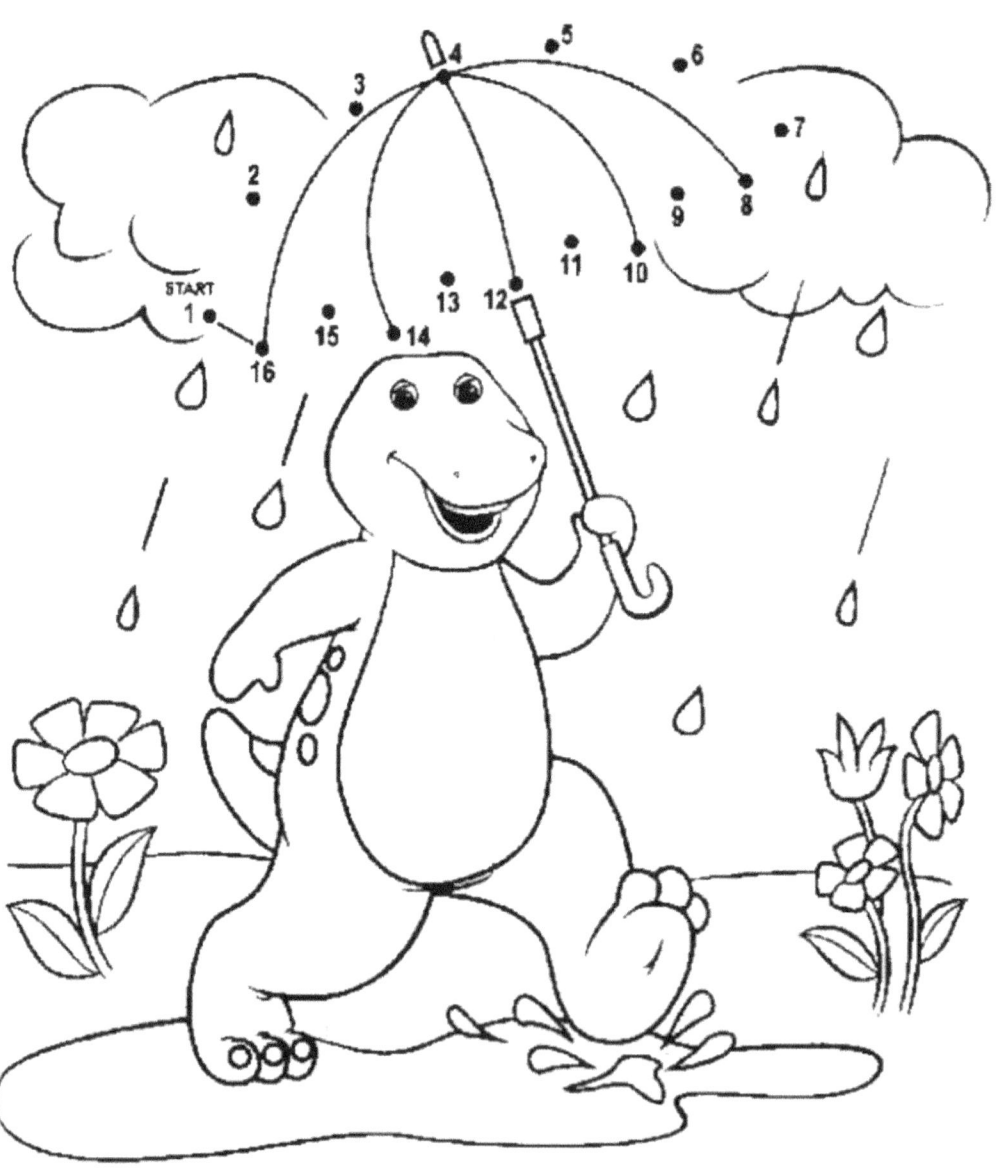

www.ingramcontent.com/pod-product-compliance
Lightning Source LLC
Chambersburg PA
CBHW082151230526
45467CB00044B/2924